Doris Christidis
Johannes Gaitanides

Aus griechischen Küchen

BLV Verlagsgesellschaft
München Wien Zürich

CIP-Kurztitelaufnahme der Deutschen Bibliothek

Christidis, Doris:
Aus griechischen Küchen /
Doris Christidis; Johannes Gaitanides. –
München; Wien; Zürich:
(BLV Idee & Praxis:
Essen und genießen; 527/528
ISBN 3-405-13206-1

NE: Gaitanides, Johannes:;
BLV Idee und Praxis /
Essen und genießen

BLV Idee & Praxis
Essen und genießen 527/528

Fotos: Susanna Worm
Titelfoto: Studio Teubner, Füssen und Julius Negele

Satz und Druck: Appl, Wemding
Bindung: R. Oldenbourg, München

Printed in Germany · ISBN 3-405-13206-1

Die Abbildungen der Rezepte wurden im griechischen Haushalt der Fotografin und in der griechischen Taverne »Lyra« (Seiten 43, 49, 70, 76, 91, 100, 101) erstellt, um einen landestypischen Gesamteindruck zu vermitteln.

Zu den Rezepten

Sämtliche Rezepte sind, wenn nichts anderes vermerkt ist, für 6 Personen mit gesundem Appetit vorgesehen. Soll für weniger Personen gekocht werden, ist im allgemeinen für 2 Personen ein Drittel, für 3 Personen die Hälfte der Zutaten die richtige Menge.

Abkürzungen

EL Eßlöffel
TL Teelöffel
g Gramm
kg Kilogramm

Bei den Tassenmaßen ist einheitlich von einer normal großen Kaffeetasse auszugehen.

Das Homer-Zitat auf Seite 6 ist aus »Legende von Homer, dem fahrenden Sänger«, herausgegeben von Wolfgang Schadewaldt. Der Abdruck erfolgt mit freundlicher Erlaubnis des Artemis Verlags in Zürich.

BLV IDEE & PRAXIS

Essen und genießen

503 Selbstgemachtes aus der Küche zum Verschenken
504 Obstkuchen – Obsttorten
506 Selber backen mit Vollkorn
510 Gesunde Wildkräuterküche
512 Die Kunst schlank zu bleiben
513 Weihnachtliche Bäckerei
515 1 × 1 der richtigen Ernährung
516 Die Kunst Tee zu trinken
517 Kartoffeln rund und gesund
518 Selbstgemachte Marmeladen und Gelees
519 Vollwert-Süßspeisen
520 Kinderfeste
521 Genüßliche Weinkunde
522 Einlegen · Trocknen · Kandieren
523 Eis selbst gemacht
524 Köstliche Obstspeisen
525/526 Aus türkischen Küchen
527/528 Aus griechischen Küchen

Freizeit gestalten

501 Wohnen mit Holz
509 Das kann ich selbst: Tapezieren
511 Schöne Batik
514 Töpfern lernen
601 Das kann ich selbst: Kleine Möbel und Einbauten nach Maß
602 Kinderspiele – Kinderspielzeug selbst gemacht
603 Salzteig-Modelle
604 Patchwork und Quilten
605 Malen nach europäischen Volkskunstmotiven
606 Modellieren
607 Malen nach Pflanzenmotiven
608 Praxis des Malens
609 Praxis des Zeichnens
610 Blumenschmuck für schönes Wohnen

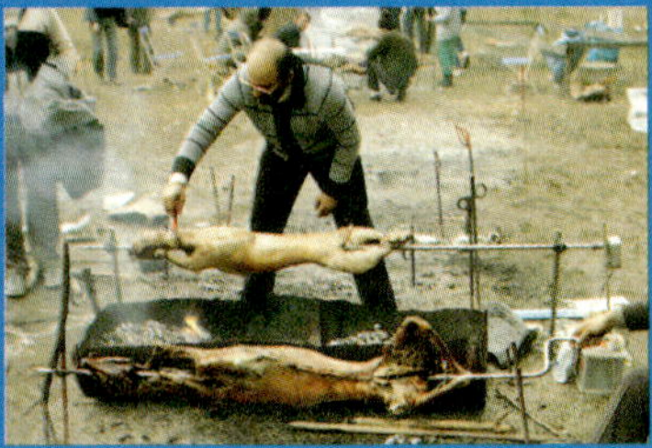

Inhalt

Das griechische Mahl – ein Gastmahl

Homer singt:

Stets, wenn Fröhlichkeit rings
im Volk die Herzen erfüllet,
Und es schmausen die Gäste im
Saal und lauschen dem Sänger,
Bank an Bank, in Reihn,
und rundum über den Tischen
Türmen sich Brot und Fleisch,
und der Mundschenk schöpft
aus dem Mischkrug
Funkelnden Wein und trägt ihn
herbei und füllet die Becher:
Das ist köstlich, ist weit und breit
das Schönste auf Erden!

Was zu bedenken ist

Eines versteht sich von selber: Auch in Hellas sind Koch und Köchin darauf bedacht, daß die Familie nicht vom Fleische fällt. Doch nicht minder dienen sie einem anderen Zweck: Das griechische Mahl ist ein Gastmahl ... Allein essen (so schlimm wie allein trinken) ist immer und auf jeden Fall schlecht essen, ist ohne Geschmack und ohne Genuß, selbst wenn ein kulinarischer Meister alle seine Künste aufgeboten hat, ist Sünde wider den heiligen Geist des Speisens, entschuldbar allenfalls unter den mildernden Umständen des äußersten Notfalls, unter dem Druck der Arbeitshetze oder wie die Teufel der Moderne sonst heißen. Denn das Gute und Schöne am Essen, seine kalokagathia ist der Gast – es schmeckt erst, wenn es ihm schmeckt, es entfaltet sich erst an seiner Resonanz. Daher denn Athenaios, der prominenteste aller Kochbuchautoren des hellenischen Altertums (im 3. Jhdt. n. Chr.), zu Recht formulierte: »Siehst du einen Menschen allein essen, ohne Gesellschaft, so mußt du annehmen, daß er die Hälfte seines Lebens verlor und im Grunde kläglich lebt.«
Die Sache wird noch deutlicher, wenn wir den Spieß umdrehen: Die griechische Mahlzeit ist nicht Selbstzweck, sie ist vielmehr Vorwand und Anlaß und Initialzündung der Geselligkeit, und sie glückt um so mehr, je gelungener der Anlaß. Sich auf das Abenteuer eines griechischen Kochbuches einzulassen, ist daher im Grunde eine Perversion, denn es rechtfertigt sich eigentlich nur als Kapitel einer Geselligkeitskunde. In dieser wäre auszuführen, was sich hier nur formelhaft andeuten läßt: Das griechische Mahl ist ein Gesamtkunstwerk aus der Trias von Speise, Trank und Geselligkeit, darin diese für das »Wort« steht, für das »attische Salz« wohl verstanden (und wo Griechenland, ist Attika im Wort), ohne das alle und die vollkommenste Speise leer und fade wären. Damit ist die spartanische, die dorisch-asketische Grundform des Gesamtkunstwerkes »Mahl« umschrieben – die ionische Spielart fügt noch das Lied und den Tanz hinzu. Wie es nun aber einmal mit der Dreifaltigkeit ist, ihre Glieder verschränken sich zu unlösbarer Einheit – das Wort würzt die Speise, Speise und Trank schärfen und spitzen das Wort. Woraus zu folgern ist: Wo das Wort glückt, war das Mahl gut. Kaum zufällig also erwuchs die Pflanze der platonischen Philosophie aus den Töpfen des Gastmahls (während der nüchterne Aristoteles, der sich auf den eher parterren Gefil-

den der Naturwissenschaften erging, von dem Verdacht nicht freizusprechen ist, daß er sich – häufiger Alleinverzehrer – auf die Kunst des Speisens nicht recht verstand).
So ist es noch heute. Im Mahl als Kristallisation der Geselligkeit sind über die Jahrtausende hinweg die Griechen – Hellenen geblieben! *Ein* Gast freilich sitzt nicht mehr wie zu Homers Zeiten an ihrer Tafel: der Gott, dem vor allen anderen das beste Stück als Opfer gebührte – schon die Fleischbereitung war ein ritueller Akt. So hielten es Achilles und Patroklos, Menelaos und Nestor bei ihren gewaltigen Festereien, ja selbst Odysseus und seine Gefährten, von Polyphem in der Höhle eingesperrt, begannen das Frühstück mit dem Opfer. Doch dieser Brauch scheint bald schon unter den Tisch gefallen zu sein, denn in klassischer Zeit ist davon kaum noch die Rede – dafür *redet* man jetzt über die Götter. Um so üppiger sprießt nun der Kult der Geselligkeit, und mit ihm verfeinern und vervielfältigen sich die Gerichte (wobei sich vor allem die Griechen im unteritalienischen Sybaris hervortun).
Das *ariston* zum Morgen dürfte allerdings der Kargheit des griechischen Frühstücks von heute nicht nachgestanden haben. Hingegen setzte sich bei besonderen Anlässen das mittägliche *deipnon* gern in das abendliche *dorpon* fort, zu einem festlichen Schmausen in zwei Akten, zwischen die sich Spiel, Gesang und Tanz als Zäsuren einschoben – kaum anders als heute am Ostersonntag oder beim Panigiri, beim Heiligenfest in der und um die entlegene Klosterkirche oder Feldkapelle. Und schon damals scheute man das harte Los des einsamen Essens; wen man gerade auf Straße oder Markt traf, der wurde spontan zu Tisch gebeten, ja, dieser konnte dann sogar noch Freunde mitbringen, ohne vorherige Rückfrage; selbst Ungeladene fanden sich ein. Nur die Sybariten legten auf langfristige Einladungen Wert, um – wie man im übrigen Griechenland meinte – ihren Damen ausreichend Zeit für ihre aufwendigen Toiletten zu geben. Die Sybariten rächten sich an ihren strengsten Verächtern; die Spartaner – so sagten sie – suchten den Tod im Krieg, da sie anders nicht ihrer scheußlichen Blutsuppe entgehen könnten (von der wir Ihnen kein Rezept verraten)!
Die hellenische Freude am Gastmahl hat die Menschheit nicht nur mit einer bestürzenden Fülle von Philosophien beschenkt, sondern auch mit unzähligen Gewürzen und Küchenkräutern sowie mit dem elementaren Handwerkszeug, das der Küche erst zu einem Platz in den oberen Etagen der Kultur verhalf – mit Pfanne, Reibeisen, Kasserolle, aber auch mit Kelch, Becher und Pokal. Und da bekanntlich alles im griechischen Boden wurzelt, so wurde er auch zur Heimat des ersten Berufskoches. Noch nicht zu archaischer Zeit, wo der Hausherr selber sich des Fleisches annahm; die Bereitung des Brotes überließ er den Frauen – diese Arbeitsteilung hat noch heute weithin Gültigkeit in den griechischen Dörfern. Aber schon in der klassischen Epoche rangierte der Koch an der Spitze der Sklaven – eine

nicht unproblematische Stellung, scheint es, denn die Komödien, die ihn meist eine wichtige, kaum je aber schmeichelhafte Rolle spielen lassen, zeichnen ihn gefräßig, großsprecherisch und diebisch. Auf eine noch höhere Stufe hob ihn der Hellenismus, darin er sich kraft seiner beruflichen Kunst aus der Sklaverei lösen konnte und ein Herr wurde, ein gebildeter Herr, dem das Abendland die ersten Kochbücher zu danken hat; ja, in Sybaris gestand das Gesetz dem Koch einen Patentschutz für die von ihm erfundenen Gerichte zu. Schließlich können die Griechen des Mittelalters die Kochmütze auf ihr Konto buchen, die in ihrer Form nicht zufällig der Kopfbedeckung des orthodoxen Mönches gleicht. Die Berufsköche seien damals, Gläubige auch sie, vor den Piraten und den Türken in die Klöster geflüchtet; da sie sich in ihrem ausgeprägten Selbstbewußtsein besser dünkten als die gewöhnlichen Mönche, bestanden sie auf Unterscheidung – so bekamen sie weiße anstatt der schwarzen Hüte.

Kloster Preveli, Kreta.

Durch alle Zeiten hindurch aber blieb das griechische Mahl ein Herzstück der Geselligkeit – ihr Nährboden im wahrsten Sinne des Wortes. Daraus ist nun als erste Regel, die allen folgenden Rezepten übergeordnet ist, für die hellenische Küche abzuleiten: Sie taugt nicht für Hypochonder und Egozentriker, weder für die Mund- und Geistträgen noch für sinnenferne Ideologen und auch nicht für die jungen Liebespaare, die Aug' in Auge sich und die Umwelt vergessen und verlieren – kurz: Sie taugt nicht für die Entrückten und Kontaktlosen, die kein erotisches Verhältnis zum Worte haben. Hat man aber einen Kreis von Freunden geladen, die sich selber, die einander, die diesem Leben und jenem Geist wohlwollen, der das Schwere in die Leichtigkeit hebt – die das Orgelregister vom Schmunzeln bis zum Gelächter beherrschen, die mit dem Florett zu formulieren und mit dem Gedanken Ping-Pong zu spielen verstehen, dann ist das griechische Mahl richtig am Ort und richtig zur Zeit. Ihnen denn – und ihnen allein – ist unser Büchlein zugedacht.

Das griechische Mahl – ein Gastmahl

Intensität statt Raffinesse

Manche Kritiker rügen an der griechischen Küche, sie ermangle der Phantasie und des Raffinements in der Zubereitung. Nicht völlig zu Unrecht; nur übersehen sie, daß das diagnostizierte Laster die Kehrseite einer Tugend ist – einer Tugend, die es abermals den Autoren erschwert, die hellenische Speise im Ausland zu servieren. Denn was ihren Reiz ausmacht, ihre beglükkende Einzigartigkeit, das ist die unerreichte Güte ihrer Elemente, die Reinheit ihrer Substanzen und die aromatische Dichte ihrer Ingredienzien – Folge vielleicht der griechischen Armut, die es sich nicht leisten kann, den Boden dick und dicht mit künstlichem Dünger zu verseuchen. Oder ist es die saubere Luft, der salzgeschwängerte Meereshauch, die steigernde Kraft der Sonne Griechenlands, die den Geschmack all seiner über- und unterirdischen Früchte zum Optimum konzentrieren, handle es sich nun um Zwiebel, Gurke und Tomate, um Kartoffel, Bohne, Artischocke und Aubergine, um Pfirsich, Aprikose, Orange oder Zitrone, vom Brot ganz zu schweigen – noch das Ei scheint sui generis, mit dem sich die mitteleuropäischen Sorten nicht messen können. Der Vergleich läßt geradezu vermuten, als stünden hier und dort völlig verschiedenartige Produkte zur Diskussion bzw. zur Konsumation und nicht nur der bloße Qualitätsunterschied. Wo aber das Optimum bereits im natürlichen Zustand gegeben ist, da erübrigt sich die Kunst der Veränderung, die immer nur auf Denaturierung hinausliefe. Nicht gar zu viel daran machen, ist daher das erste Gebot der griechischen Küche: Das Einfache, das Naturhafte, das Elementare, das Reine ist ihr eigen, nicht die künstliche Raffinesse der Mischung oder der Verwandlung. Der griechische Koch also ist kein herrischer Zauberer, er ist ein Dienender, nicht Prometheus, sondern Ganymed, der sich darin bescheidet, aus dem Gewachsenen herauszuholen, was hineingelegt ist. Diese Selbstbeschränkung macht den griechischen Koch konservativ – was ändert sich schon in der Natur? In der Treue zur Überlieferung erschöpft sich sein Ehrgeiz, der nicht über die Grenze der dogmatisierten Konvention hinausgreift – wie es dem »Orthodoxen« geziemt.

In der Qualität verwöhnt, ist der griechische Kunde auch überaus kritisch. Er macht es dem Verkäufer nicht leicht; er nimmt nicht, was ihm dieser gibt, er sucht die Ware selber aus, nach strengster Prüfung durch Auge, Nase und Hand – man kauft in Griechenland nicht die Katze im Sack. Dieselbe Selektion in der Taverne: Anstatt sich auf die abstrakte Speisekarte zu verlassen, begibt man sich in die Küche, lüpft die Deckel von den Kupfertöpfen und trifft die Wahl im Lokaltermin, man läßt sich den Eisschrank öffnen und bezeichnet dieses Filetsteak hier oder jenen Fisch dort, den man sich auf den Grill oder in die Pfanne wünscht.

Nicht wenig trägt zum Gelingen des griechischen Gerichtes die Holzkohle bei, die in Ermangelung von Kohle, Gas und Elektrizität noch auf manchen

So wird Holzkohle gebrannt. Lesbos.

statt der leichten, behutsamen Hand der Holzkohle die grobe, vergewaltigende Faust der schnellen und scharfen Hitze. Noch schlimmer das dritte Handicap: Das griechische Produkt gibt seinen vollen Geschmack nur in der heimischen Atmosphäre preis; in ihrer Wärme, in ihrer reinen, trockenen, salzigen Luft – jenseits der Landesgrenzen stumpft es ab und bleibt hinter sich zurück (erst recht in der Konserve). So läßt sich ein zweiter Vorbehalt nicht unterschlagen: Die griechische Kost erscheint auf der fremden Tafel immer nur als Abglanz ihrer selbst. Doch welcher Küchenübertragung in ferne Länder bliebe solche Schwindsucht des Geschmacks erspart? Und

Dörfern und Inseln wie eh und je die Herde versorgt. Meist aus Macchiengewächs, abgestorbenen Ölbaumstrünken oder sonstigem Altholz gewonnen, verleihen ihre ätherischen Rauchöle den offenen Pfannen- oder Grillspeisen eine pikante Beize; vor allem aber sorgt ihre geringere Hitze für die langsame Erwärmung, die den Geschmack der Speisen reiner herausholt.
Der Leser begreift nun die Schwierigkeiten, die einer Verpflanzung der griechischen Küche ins Ausland entgegenstehen. Ihre Kunst beginnt ja schon beim Einkauf, und diesem Beginnen sind die mitteleuropäischen Handelsusancen nicht gewogen. Und

schließlich ist auch der Abglanz eine Realität – der Genießende braucht ihm nur die Flügel der Erinnerung und der Phantasie, der Vor- oder Nachfreude zu leihen, um die Reststrecke zur Erfüllung erfolgreich zurückzulegen.

Auf den Hintergrund kommt es an

Eine weitere Eigenart der griechischen Speise: Sie hat Hintergrund. Oder, um der hellenischen Neigung zum Übertreiben die Zügel schießen zu lassen: Sie ist auf eine dritte Geschmacksdimension hin angelegt – womit einmal mehr der Beweis für das plasti-

sche Vermögen des Hellenen erbracht wäre.
Was immer der Grieche zu sich nimmt, sein Gaumen besteht darauf, daß es Farbe bekenne und seinen letzten Trumpf ausspiele. So schickt er dem Kaffee und auch der Süßigkeit einen Schluck eisgekühlten Wassers voraus, auf dessen neutralem Untergrund das Genossene erst das ganze Geheimnis seiner Eigenheit preisgibt. Es wird solcherweise auf ein Podest gestellt oder in einen Rahmen gespannt, die seine Konturen durch Hervorhebung und Abgrenzung reiner, schärfer, wirksamer zur Geltung bringen. Solches Verfahren läuft also darauf hinaus, die Besonderheit eines Geschmacks durch dessen Kontrastierung mit einer leicht eigengetönten Neutralität zu profilieren und zu akzentuieren.

Alte Ölpresse.

Diese Aufgabe nun kommt in der griechischen Küche dem Olivenöl zu; es dient nicht allein dem Ernährungszweck und dem kochtechnischen Erfordernis, nicht minder wichtig ist seine ästhetische Rolle als Geschmacksverstärker und Geschmacksöffner. Die Anfängerzunge wird der gegenteiligen Empfindung zuneigen: Das Öl durchtränke mit leiser Hartnäckigkeit alle Speisen, so daß deren Eigengeschmack von ihm überlagert werde und sich in ihm verliere. Doch gemach! Die Gewöhnung erzieht den Sinn, und schließlich ergeht es einem mit dem Öl wie mit der Gesundheit – man spürt es nur noch, wo es fehlt oder wo es schlecht ist. A propos Gesundheit: Wer sich einigermaßen normaler Verdauungsorgane erfreut, sieht sie durch das Olivenöl zum optimalen Wohlbefinden geleitet, und die Kardiologen wissen zu berichten, daß es von allen Fetten dem modischen Herzinfarkt den geringsten Tribut zollt. Keine Angst daher, wenn der volle Teller auf dem Tavernentisch der griechischen Landkarte gleicht: Die festen Stücke schwimmen im Öl wie die Inseln im Ägäischen Meer. Die Bestellung kann es auf »festländische« Maße reduzieren, wenn sie dem Koch rechtzeitig den Wink gibt: lígo ládhi (wenig

Öl)! Das macht unsere dritte Grundregel nicht ungültig: keine griechische Speise ohne Olivenöl!
Das Profilierungsverlangen begnügt sich nicht mit dem Öl, es macht auch reichlichsten Gebrauch vom Brot (zugleich zur Absorbierung des öligen Überflusses), von Knoblauch und Zwiebeln, von Zitrone und Rígani (Origanon, dafür das deutsche Lexikon nur das Wort »Dost« bereit hält) und den zahlreichen anderen Kräutern und Gewürzen (Das griechische Gewürzgärtlein, Seite 21), die für das Gebratene, Fisch und Fleisch, unentbehrlich sind – die griechische Küche ist ohne sie nicht zu denken. Obwohl sie alle in der Eigentönung lauter und durchdringender sind als das Öl, teilen sie doch dessen Dienerfunktion der Geschmacksdifferenzierung und -verfeinerung und betreiben keine Einebnung durch gewürzliche Diktatur – eine Feststellung, die freilich nur der »fortgeschrittene« Freund der griechischen Küche unterschreiben wird. All diese Ingredienzien dienen den Speise-Soli nur als chorische Begleitmusik, auf deren Hintergrund diese erst zu ihrem reinsten Glanz erwachsen.

Essen mit den Jahreszeiten

Nachdem wir mit ausführlicher Mühe den Nachweis erbracht haben, daß sich die griechische Küche nur ungern in die Fremde verpflanzen lasse, wird es endlich Zeit, dem Leser die versprochenen Rezepte aufzutischen. Dabei lassen wir uns in der Auswahl von zwei Gesichtspunkten bestimmen: Wir halten uns vor allem an Gerichte, für die unsere Bedenken und Vorbehalte nur geringere Gültigkeit besitzen. Und zum anderen beschränken sich unsere Empfehlungen auf Speisen, deren Zutaten hierzulande von den griechischen, sehr oft unter ähnlicher Bezeichnung auch von den türkischen Lebensmittelgeschäften, besonders auch in den Kleinmarkthallen der Großstädte geführt werden. Dort werden alle notwendigen Ingredienzien (Gewürze, Hülsenfrüchte, Käse, Teigwaren, Weine usw.) angeboten. Was schließlich die Reihenfolge angeht, so sollte auch sie zwei Zwekke unter einen Hut bringen: dem Neugierigen eine Anleitung zum häuslichen Experimentieren in die Hand zu geben und dem Griechenlandreisenden als Ratgeber seiner kulinarischen Interessen zu dienen. Beide Ansprüche glaubten wir am besten auf einen Nenner zu bringen, indem wir in der Anordnung dem Angebot der Jahreszeiten folgten. Dem aufmerksamen Kritikus wird es dabei nicht entgehen, daß wir von Frühling, Sommer und Winter sprechen, nicht aber vom Herbst. Mit gutem Grund, denn im griechischen Bewußtsein hat der Herbst keine Eigenständigkeit, auch nicht als Früchtelieferant; er wird vom Winter geschluckt, der mit den Novemberregen beginnt – im Oktober aber kann man noch baden, und also gehört er zum Sommer.
Dessen ungeachtet wünschen wir den Lesern das ganze Jahr über

καλὴν ὄρεξιν – kalín órexin
Guten Appetit!

Meine Mutter verrät ihre Geheimnisse

Beim Kochen nach Rezepten, die mit griechischen Hausfrauen von altem Schrot und Kochlöffel ausgetauscht wurden, weil es ihnen so köstlich geschmeckt hatte, kann es Tränen der Enttäuschung geben. Die so charmante Gastgeberin kann sehr leicht einige Ingredienzien zu nennen »vergessen« oder auf wichtige Kniffe nicht hingewiesen haben. So etwas ist ein verständliches Mittelchen zur Verteidigung des eigenen hausfraulichen Ruhmes, der in der dörflichen und kleinstädtischen Provinz für die soziale Achtung noch sehr wichtig ist.
Meine ohne alles Imponiergehabe sehr souveräne Mutter hat mir, ihrer Überlegenheit mit Recht völlig sicher, erlaubt, ihre Küchengeheimnisse im nachfolgenden Register von (Geheim-) Tips mit zu verwenden.

Vorspeisen/Mezédes

Mezédes sind ein wesentlicher Bestandteil griechischer Gaumenfreuden. Die Hälfte zum Genuß muß der Esser selbst beisteuern: Mezédes mit Muße essen! Mezédes sind die Mehrzahl von einem Mezés und eine griechische Besonderheit. Sie können als Vorspeise das Menü oder auch nur den Ouzo oder Wein begleiten . Der letztere Fall kann, so man sich viel Zeit nimmt (und auch viele Mezédes), zur vollen Mahlzeit »ausarten«. Bereits die ständige Verwendung des Wortes in der Mehrzahl weist auf die notwendige Vielzahl der Kleingerichte hin. Der einzelne Mezés ist jeweils nur so groß, daß er noch im Mund Platz findet; es ist ein Happen.

Mezédes: auch mit den Augen zu essen.

Mezédes können auch Brothäppchen sein bzw. eine Brotunterlage haben, aber das ist keineswegs die Regel. Es sind meistens zeitraubende, kunst- und phantasievoll zubereitete Gerichte in Miniportionen. In die große Mezédes-Sammlung gehört z. B. alles, was mit ... *pitákia* (Tiro-, Koto-, Spanako- usw.) endet, also die Kleinstform der Pita; aber auch *Keftedákia* (Frikadellchen), *Dolmadákia* (in Weinblatt Eingewickeltes) oder das berühmte *Sadzíki* (Joghurt mit Knoblauch und Gurke), die gebratenen Tomatenscheiben und Paprikaschoten, *Kokorétsi* (Innereien in Darm am Spieß), jede Art Oliven, Käse, Mixed Pickles, *Saganáki* (in Mehl gewälzte und in Öl gebratene Kefalotiri-Käsescheibchen), Oktopus-Stücke, kleine Fischchen usw., usw. ...
Immer bedeutet Mezédes zum Ouzo oder Wein langsames Verzehren, lange Gespräche, Behagen, Vergessen alles Bedrängenden, bedeutet Muße, Freundeskreis, Sternenhimmel, das Meer, mit dem Licht spielender Schatten der Platane auf dem nächtlichen Dorfplatz oder im Winter die Behaglichkeit des Hauses.

Über die wichtigsten Zutaten und Gerichte

Artischocken/Anginâres Foto
Der größte Teil des Stieles muß, bis auf etwa 2 cm, weggeschnitten werden. Die äußeren harten Blätter werden entfernt, die weichen inneren werden bis auf die Umrandung des Artischockenbodens weggeschnitten und die inneren Haare völlig entfernt. – Mit Zitrone gut abreiben und bis zum Kochen in eine Schüssel mit Wasser, reichlich Zitronensaft und Mehl und den ausgepreßten Zitronenschalen (aufpassen, daß nicht zur Konservierung behandelt!) legen. So werden die Artischocken nicht schwarz.

Auberginen/Melidzánes
Stiel und blaue Haut müssen entfernt werden. Auberginen in Scheiben (falls nicht gefüllt zu verwenden) in eine Schüssel mit Wasser und reichlich Salz legen. Mit einem Deckel und etwas Schwerem darauf zudecken, so daß sie nicht auftauchen können, sondern im Wasser – mindestens 30–60 Minuten – bleiben. Dann gut waschen und auspressen; damit verlieren sie ihre Bitterkeit. Sollen sie fritiert werden, so legt man sie erst auf saugfähiges Küchenpapier, das das reichliche Wasser aufsaugt.

Bámies
(zu deutsch »Okra«, siehe dort)

Blätter aus Teig (bzw. Blätterteig)
Sie sind für die *Pítes* (Pasteten), für Kuchen und eine ganze Reihe von anderen Speisen heute in den griechischen Geschäften, oft sogar auch in den Kühltruhen der Supermärkte fertig zu finden. Wenn nicht, verwende man den tiefgekühlten Blätterteig.

Bohnen, grüne/Fassolákia
Zur Entfernung der seitlichen Fäden müssen sie mit einem scharfen Messer längs der »Naht« beschnitten werden;

Sommerdelikatesse: Artischocken kurz vor der Ernte.

nicht etwa nur einen Faden von oben und unten abziehen! Auch die sogenannten »fadenfreien« Bohnen sind fast immer nur fadenarm. Dann erst im Topf, ohne Wasser! mit einer geriebenen Zwiebel, Knoblauch und Öl im eigenen Saft hellgrün werden lassen; dabei einige Male umrühren. Dann erst weiterbehandeln.

Chilopítes (Quadratnudelchen)
Es ist ein Teig aus Mehl, Milch und vielen Eiern, ausgerollt und in kleine Quadrate (ca. 1 cm) geschnitten, an der Sonne getrocknet. Heute werden meist die vom Handel angebotenen fertigen gebraucht, aber die gute Hausfrau in der griechischen Provinz macht sie noch gern selbst.

Dolmádes (Gefüllte Blätter)
Dolmadákia ist eine Verkleinerungsform davon. Man verwendet dazu Weinblätter, eingelegte oder frische Weißkohlblätter, mancherorts auch Blätter von grünem Kopfsalat oder Runkelrübenblätter. Das Einwickeln verlangt zarte Finger. Die Weinblätter

(frische oder aus der Konserve) und die Weißkohlblätter usw. müssen erst in kochendem Wasser 5–10 Minuten weich werden. Weinblätter aus der Konserve müssen vor dem Kochen gut gewaschen werden, weil sie sehr salzig sind. – Die eingerollten und vollgepackten kleinen Blattrouladen müssen in Reihen in den Topf gelegt werden. Schließlich zur Beschwerung einen Teller darauflegen. Nicht umrühren!

Eintöpfe
Als Eintöpfe kann eigentlich die Mehrzahl der griechischen Gerichte betrachtet werden. Fleisch, Fisch und besonders Gemüse werden meist mit der Soße gekocht und gleich mit ihr, die dabei weitgehend verdunstet und so an Menge verliert, serviert. In sie Brotstückchen zu tauchen, ist den meisten Griechen eine liebe Gewohnheit.
Die Gemüse dienen nie als Beilage, sie werden vielmehr als wohlschmekkendes und vor allem gesundes Hauptgericht betrachtet, gleichgültig, ob ohne oder mit Fleisch zubereitet. Wenn sie mit Fleisch kombiniert werden, bilden sie mit ihm eine einheitliche Speisenkombination, in welcher mit gleichem Rang der eine Teil dem anderen Geschmack verleiht, beide durch die gleiche Soße verbunden, denn auch sie ist Bestandteil der Einheit Gemüse – Fleisch – Soße – Brot. Die Gemüse können auch ohne Fleisch als sättigendes, vollständiges Essen, im Sommer meistens kalt (*Laderá,* also mit Öl zubereitet) gegessen werden, oft mit Feta oder Joghurt ergänzt. Sie werden auch gern mit Reis zusammengekocht, z. B. *Spanakóriso* (mit Spinat), weil das ihre Sättigungswirkung und ihren Geschmack verstärkt. – Salzkartoffeln und Bratkartoffeln als Sättigungsbeilage sind im Lande unüblich. An ihrer Statt wird Brot serviert. Seit Einführung der Kartoffel in Griechenland sind die frisch zubereiteten Pommes frites die häufigste Beilage, gefolgt von Kartoffelbrei, Kartoffelkroketten oder Kartoffeln im Bratofen. – Fleisch wird selten allein zubereitet. Wenn es nicht mit Gemüsen kombiniert werden soll, wird es entweder mit Nudeln (bzw. anderen Teigwaren), Reis oder Kartoffeln (Pommes frites usw.) zusammen gekocht (z. B. *Jouvétsi*) oder zusammen serviert, wobei die Fleischsoße gleich als Soße für die Spaghetti u. a. dient.

Fische und vor allem andere Meeresbewohner/Psária
Über die griechischen Fische (Fische im biologischen Sinn, also Wirbeltiere) sprechen zu wollen, bedürfte es mehr als einer Doktorarbeit. So interessant es wäre – hier möchten wir, und zwar nur unter kulinarischen Gesichtspunkten, die öfter unklaren Unterschiede zwischen Oktopus / Oktapódi, Kalamáres / Kalamaráki und Tintenfisch / Soupiá etwas zu klären versuchen.
Oktopus (wörtlich übersetzt »achtbeinig«) gehört zur biologischen Familie der Tintenfische, seine acht Arme sind mit Saugnäpfen versehen. Er verbirgt sich auf dem Grunde des Meeres unter Felsen. Es gibt mehrere Arten von verschiedener Größe. Meistens wer-

Zum Aufhängen verurteilt: Oktopodi.

den sie in der Küche mit einer Armlänge von ca. 20 cm anzutreffen sein; die aufgrund von »Rasse« oder Alter größeren sind selten geworden. Erst nachdem der Oktopus 40mal kräftig auf einen Felsen geschlagen worden ist, ist das hauptsächlich beliebte Fleisch seiner Arme zart und eßbar (nach Zubereitung!).
Kalamáre/Kalamarákia gibt es ebenfalls in mehreren Arten. Auch sie gehören zur Familie der Tintenfische oder Kopffüßler, haben nur 7 Arme und einen zumindest im normalen, küchenfähigen Alter weichen, 5–10 cm kleinen, länglich-schlanken Körper mit einem großen Kopf, aus dem die Fangarme wachsen. Die größeren haben ein kleines Tintenfäßchen und immer einen »Schulp«, eine Art wirbelloses, flaches, hornartiges »Rückgrat«, das nicht eßbar ist. – Vor dem Fritieren müssen die Augen entfernt werden, weil sie fast »explodieren«. Das Tintenfäßchen kann, muß aber nicht entfernt werden.
Der Tintenfisch / Soupiá im engeren Sinne ist das echte Tintenfaß! Er ist bei Küchengebrauch meist handtellergroß, oval bis rundlich. Im Inneren hat er einen härteren, flachen »Knochen«, eine Art Gelatine (etwa fingergroß) und einen richtigen Tintensack, der zunächst, ohne ihn platzen zu lassen, entfernt werden muß. Der »Knochen« wird weggeworfen, es sei denn, man hat Vögel im Hause. Dann gibt man ihn in den Käfig, damit sie die Schnäbel daran wetzen können. – Die Gelatine und die Tinte werden beim Kochen mit verwendet. Trotz der unästhetischen Schwärze der Tintenfarbe verleiht sie dem Essen einen würzigen, besonderen Geschmack.

Hahn, Huhn, Pute(r)/
Kotópoulo, Galópoulo
Beim Kochen oder Braten eines Huhnes oder Hähnchens, eines Puters oder einer Pute eine geschälte Zwiebel in den Geflügelbauch geschoben, nimmt den »Huhngeruch« weg, den manche Menschen nicht mögen. Die Hühnerbrühe beim Kochen mehrfach abschäumen! – Vor dem Braten oder Grillen sollte man Geflügel reichlich mit Zitronensaft einreiben und dann mit Öl oder Pflanzenfett bestreichen. Ein Gläschen Weinbrand und ein wenig von der Hühnerbrühe in die feuerfeste Bratform getan, ergibt eine delikate Soße.

Verschiedene Hackfleischbällchen/
Keftédes, Jourvarlákia, Soudzoukákia
Das Hackfleisch muß mit eingeweichtem Weißbrot ohne Kruste, das gut ausgepreßt ist, und den übrigen jeweiligen Zutaten sehr gut vermengt und verknetet werden, bis die Hackfleischmischung locker-weich ist. Beim Kneten und beim Formen der

Bällchen, Frikadellen usw. immer wieder die Hände in eine kleine Schüssel mit Wasser tauchen, damit das Fleisch beim Fritieren nicht hart wird.

Joghurt/Jaoúrti

Abgesehen von seiner Benutzung für Soßen, ist der normale Joghurt ein sehr schmackhafter Begleiter für alle Öl- und fast alle Teiggerichte. Er wird in seiner natürlichen Form verzehrt oder als *Sadzíki,* d.h. mit Knoblauch und Gurke angerichtet. Joghurt, gemischt mit Sahnequark (250 g Quark und 1–2 Joghurt), mit Eiern oder zerstampftem Knoblauch gut verrührt, über den halbfertigen Braten gegossen und mit ihm gebraten, bis die Mischung rosig und fest ist, verleiht dem Gericht besondere Feinheit.

Käse/Tirí

Käse ist für die Griechen in erster Linie ein kräftigendes, sättigendes Nahrungsmittel. Der Arbeiter, der Bauer essen ihn als Hauptbestandteil der Mittagsmahlzeit mit Brot, Tomaten und Oliven. Als Brotbelag oder -aufstrich ist er aber unbekannt. Der Bauernsalat wird durch den Eiweißgehalt des Käses zur vollwertigen Hauptmahlzeit. Gleichzeitig dient der Käse aber auch der Verbesserung des Geschmacks der Gerichte. Bisweilen steht diese Funktion im Vordergrund. Eher in diese Richtung geht auch seine Verwendung als Mezés, d.h. als Appetithappen zu Wein und Aperitifs. Wir erwähnen hier in alphabetischer Reihenfolge nur die wichtigsten Sorten (die Landschaftsbezeichnungen weisen auf ihre »Heimat« hin).

<u>Athótiros</u> (ursprünglich von Kreta) Ungesalzener, milder, weicher Sahne-Weißkäse. Gibt gemischt mit Backpflaumen und Joghurt ein erfrischendes Dessert.

<u>Féta</u> (Thessalien) Harter oder weicher Schafskäse, auch im Ausland bekannt (oft auch dort hergestellt).

<u>Formáno</u> (Epirus) Würziger, aber eher milder Hartkäse.

<u>Graviéra</u> (Mytilini, Kreta) Etwas dem Schweizer Käse ähnlich, aber kräftiger.

<u>Kasséri</u> (Thessalien) Hartkäse, dem holländischen Gouda ähnelnd.

<u>Kefalograviéra</u> Würziger als Graviéra.

<u>Kefalotíri</u> (Milos, Naxos) Sehr salzig, deshalb nur gerieben und mit anderen Sorten vermengt zum Kochen oder als Streukäse tauglich, auch scheibenweise in Öl gebraten *(Saganáki)* als Mezé zu Ouzo und Wein.

<u>Kopanistí</u> (Andros, Chios, Mykonos) Sehr würziger Weichkäse, gut als Mezé.

<u>Manoúri</u> (Thessalien) Geschmeidiger, sahniger Weichkäse, mit und ohne Salz.

<u>Metsovóne</u> (Epirus) Kräftiger Hartkäse.

<u>Mizíthra</u> Aus Kreta stammender, harter, gesalzener Weißkäse, meist gerieben zu Teigwaren, Soßen, Füllungen; ungesalzen für Kuchen; in beiden Formen auch als Tischkäse gut.

<u>Parmesán</u> (Korfu) Für Spaghettis, Píttas, Füllungen.

<u>Telemés</u> (Mytilini) In etwa dem Féta ähnlich, jedoch härter und salziger. Kann wie dieser mit Öl und Origano als Mezé zu Ouzo und Wein gegessen werden.

Verschiedene Bauernkäse Natürlich selbst gemacht, sind nur an Ort und Stelle zu finden; oft hervorragend.

Kritharáki (Teig-Reis)
Hat nur hinsichtlich der äußeren Form etwas mit Reis zu tun, denn er besteht aus Mehl. Es ist ein Nudelteig, der zur Reiskorngröße gerieben und getrocknet wird. Kritharáki kann auch als Ersatz für Nudeln oder Reis verwendet werden. Er ist in den griechischen (und türkischen) Lebensmittelgeschäften fertig zu finden.

Laderá (Gemüsegerichte in Öl)
Alle Gemüsegerichte, mit Öl zubereitet, können auch kalt gegessen werden. Sie sind dann bekömmlicher, als wenn sie wieder aufgewärmt wurden.

Okra/Bámies
Die aus dem tropischen Afrika stammende Pflanze wird seit langem in Griechenland angebaut. Man ißt die Frucht, die in fünf Kammern viele Samen trägt und viel Schleim enthält, der viele Verwendungsmöglichkeiten in der Küche und auch in der Medizin hat. Die Frucht kommt grün auf den Markt, ist länglich und läuft spitz aus. Man sollte nur die 6–10 cm großen Früchte verwenden. In den griechischen Geschäften in Deutschland kann man sie halb gekocht in Konserven erhalten. – Mit einem scharfen Messer muß die Haut um den Stiel entfernt werden. Vorsicht! Nicht tief einschneiden! Dann auf einem Blech das Gemüse ausbreiten und mit Salz und Essig bespritzen, 30–60 Minuten stehen lassen, abwaschen. Im Topf kreisförmig, mit der Spitze zur Mitte zeigend, aufreihen. Einen Teller darauflegen. Nicht berühren, sonst werden sie glitschig!

Öl, Pflanzenfett, Butter/Ládi, Voútiro
Die griechische Küche hat das Olivenöl zur Grundlage. Meistens benutzt man es jedoch mit Pflanzenfett bzw. Margarine bzw. Butter (seltener; Vorsicht im Sommer!) gemeinsam.

Ölbaum – Lebensbaum.

Paprikaschoten/Piperiá
Eine grüne Paprikaschote, von Stiel und Kernen befreit, gut gewaschen und klein geschnitten, den Gemüsegerichten oder Hülsenfrüchte-Suppen zum Mitkochen beigegeben, ergibt einen besonders würzigen Geschmack.

Zu allen Jahreszeiten schwelgen …

Tomatensoße/Domáta sáltsa
Kleingeschnittene (geschälte) Tomaten erst ohne Wasser bei kleiner Hitze weich werden lassen, dann Fett und Wasser zugeben; Salz, Zucker, Pfeffer am Schluß. Bei der Zubereitung aller Gerichte mit Tomaten immer ½–1 Teelöffel Zucker hinzugeben, um die Säure etwas abzufangen.

Tomaten, gefüllt/Domátes jemistés
Man entnimmt das Fleisch, streut Salz hinein und läßt sie 30 Minuten liegen. Dann spült man sie aus und fährt in der Zubereitung fort.

… Obst- und Gemüsemarkt …

Weinblätter/Ambelófylla
Sie sind in Deutschland auch in Konserven zu haben. Erst waschen, dann 8–10 Minuten in Wasser kochen. Sie werden vor allem für *Dolmadákia* gebraucht. Will man gefüllte Zucchini machen, kann man sie auf den Topfboden legen, darauf die Zucchinis, dann noch eine Schicht Weinblätter. Das macht würzig.

Zucchini/Kolokithákia
Mit einem Messer in Längsrichtung die etwas haarige, äußere grüne Haut abschaben. Dann waschen und zubereiten.

… im vielfältigsten Angebot.

Das griechische Gewürzgärtlein

Die Gewürze sind der Punkt auf dem »i« der griechischen Hausküche. Das ist kein Wunder. Streift man im Februar–März durch die Landschaft, riecht man den nahenden Frühling, noch ehe man ihn sieht. Schon die Düfte der verschiedenen Gewürzkräuter verraten sein Kommen. Wer je im Frühjahr in Athen weilte, wird nie den in Griechenland immer kurzen Augenblick zwischen Dämmerung und Sonnenuntergang vergessen: die lilafarbene Symphonie des Hymettos, den Fliederschleier, der sich für einige Minuten eines klaren Abends in der durchsichtigen Atmosphäre vom Berg über die Stadt bis zur Akropolis entfaltet. Der Thymian auf dem Hymettos blüht und sein Aroma heften die Bienen unverwechselbar dem Hymettos-Honig an, ohne jedoch auf die Beimischung der Aromen anderer würzig-duftender Pflanzen gänzlich zu verzichten. Die alten Griechen, diese unerträglichen Alleswisser, denen ihre allzeit wache Sinnenfreude schon alles Wahrnehmbare zur Erkenntnis hatte werden lassen, mischten deshalb dem Wein ein Stück Bienenwabenwachs bei, um ihn zu aromatisieren.

Der Reichtum an Duftstoffen prädestiniert natürlich die Gewürzpflanzen, vornehmlich die Kräuter, seit Jahrtausenden auch zum Gebrauch in der Küche. Die Phantasie hat aus der zu mancher Zeit und mancherorts gar nicht großen Auswahl an Grundnahrungsmitteln durch wahrhaft künstlerische Beimischung aromatischer Pflanzen und Ingredienzien sehr oft geschmacklich und ernährungsmäßig hochwertige Gerichte hervorgezaubert. Das war auch deswegen möglich, weil die griechische Küche sich nie scheute, mehrere Aromatika gleichzeitig zu verwenden.

Schon im Altertum waren den Griechen neben den genußerzeugenden auch die heilenden Eigenschaften vieler Gewürze und Gewürzkräuter bekannt. Die Vergeßlichkeit langer Jahrhunderte hat manche kulinarischen und medizinischen Entdeckungen einer früheren Epoche verschlungen, in der vernünftigerweise übrigens Heilwirkung und kulinarischer Gewinn nicht unserer heute beides scharf trennenden Betrachtungsweise unterlagen.

Von den 400 Gewürzkräutern, die der große, antike Arzt Hippokrates für seine medizinischen Rezepte verwendete, werden hier nur einige besprochen. Manche von ihnen sind in Deutschland nicht oder doch nicht mehr allgemein bekannt, kommen aber in den Kochrezepten dieses Büchleins vor. In den letzten Jahren hat man sich allerdings auch hierzulande der Kunst des Würzens mehr und mehr erinnert, und in den Großstädten sind in der Regel alle hier genannten Gewürze erhältlich (Spezialgeschäfte für Gewürze, Feinkostgeschäfte, Reformhäuser).

Mengenangaben sind für die Gewürze kaum möglich, zumal bei manchen von ihnen die Würzkraft je nach Herkunft und Lagerung beim Händler

recht unterschiedlich sein kann. In Griechenland würzt man im allgemeinen kräftig. Dennoch sei dem Neuling zu Vorsicht und langsamer Steigerung geraten.
Man kann das, was in unserem Büchlein seiner würzenden Wirkung wegen vorkommt, in folgende Kategorien einordnen:

Gewürze, die sowohl frisch wie getrocknet verwendet werden

Wir finden sie überall, auf dem Festland und den Inseln, auf den Berghängen oder auch im Blumentopf vor der Haustür und in den Gärtchen; die meisten von ihnen werden gleichzeitig auch als Heilmittel verwendet.

Basilikum/Vassilikós
Die wohl volkstümlichste Pflanze Griechenlands, die aber auch in

Basilikum.

Deutschland bekannt ist und gut gedeiht. Von Mai bis Ende November finden wir sie in allen möglichen Gefäßen und Behältern auf den Fensterbänken, vor der Tür, im Hof, im Garten fast jeden griechischen Hauses, ob reich, ob arm. Der Topf mit Basilikum würzt die Luft. Im Zimmer vertreibt er die Fliegen vom Fenster. Wenn der Pfarrer die Kirche segnend besprengt, geschieht es mit einem Basilikum-Bündel. – Die hocharomatische Pflanze ist scharf-würzig, appetitanregend, verdauungsfördernd und dient (im Sommer frisch, im Winter getrocknet) zum Würzen der Fleischspeisen und Soßen, sollte wegen ihrer starken Würzkraft aber nur sparsam verwendet werden.

Dill/Ánithos
Die uralte Heil- und Gewürzpflanze wirkt beruhigend und magenstärkend. Sie empfiehlt sich für grüne Salate, Soßen, Fisch-, Fleisch- und Gemüsegerichte, und zwar verwendet man nur das frisch gehackte, nadelartige Grün für die hier genannten Speisen.

Fenchel/Márathos
Dem Dill ähnliches Doldengewächs. Das gehackte frische Grün verfeinert Salate, Gemüse und Fisch und wird zum gleichen Zweck auch beim Einlegen von Gemüse, Oliven usw. beigegeben.

Krauseminze/Diósmos
Hat einen kräftigen, würzigen Duft. Sehr oft verwendet man sie – im Sommer frisch, im Winter getrocknet – zu-

sammen mit Petersilie. Hier wird sie in der Regel nur getrocknet zu haben sein (in Feinkostgeschäften). Gehört in die Frikadellen *(Keftédes)*, die Tomatensoßen und auch sonst fast überall hinein. Riecht sehr ähnlich wie Minze, ist aber nur mit ihr verwandt. Tut man 2–3 Blätter in die Ouzo-Flasche, so hebt das den Geschmack. Der Krauseminzetee wird bei Magenstörungen getrunken.

Lorbeerblätter/Dáphni
Schon im Altertum wurde der Lorbeer als Heil-, Gewürz- und Zierpflanze verwendet. Die duftenden Blätter schmecken bitter und herb-würzig. Man verwendet sie, immer getrocknet, für Soßen, Fleisch- und Fischspeisen, Suppen (z.B. Linsen) und für Konfitüren. – Pflückt man einige frische Zweige, kocht sie und gibt sie mit der Brühe in das Spülwasser für Bett- und Tischwäsche, so bewahrt diese einen angenehmen Duft.

Mastix/Masticha
Buschartige, der Pistazie verwandte Pflanze, die vor allem auf der Insel Chios zu Hause ist und am angeritzten Stamm eine harzähnliche Substanz aussondert. Diese wird sowohl als eine Art Kaugummi verwendet als auch getrocknet im Mörser zu Pulver zerstoßen und dann zum Würzen von Kuchen und Likören gebraucht. Das Aroma ist herb und stark würzig.

Origano (= Dost)/Rígani
Wächst in den Bergen. Zwischen den Fingern zerrieben, verbreitet er einen herben Duft. Schmeckte schon den Alten, die ihn zu allem verwendeten. Uns würzt er den Tomaten- oder den Kartoffelsalat, und wir streuen ihn vor dem Grillen oder dem Braten auf alle Arten von Fleisch und Fisch. Oder wir brühen ihn zur Beruhigung des Magens als Tee auf, weil er immer greifbar ist. Der Handel bietet ihn getrocknet und zerrieben an.

Rosmarin/Dendrolívano
Buschartige Wild- oder Zierpflanze. Die Blätter schmecken scharf und bitter-aromatisch. Wegen der starken Würzkraft sparsam verwenden, frisch oder getrocknet. Er gibt der Fisch-Tomaten-Soße (marinierte Fische) einen würzigen Ton. – War im Altertum eine vielseitige Heilpflanze. – Mit der durchgesiebten Brühe, darin der Rosmarin gekocht hat, lassen sich dunkle Kleidungsstücke sehr gut abbürsten und reinigen.

Salbei/Faskómilo
Wird hauptsächlich als Tee gegen Magenstörungen verwendet. Gibt man aber einige Blätter in die Pfanne, kurz bevor man die gebratene Leber herausnimmt, so verfeinert sich deren Geschmack. Wo möglich, die frischen Blätter verwenden; der Handel bietet sie allerdings meist nur getrocknet an.

Thymian/Thimári
Ein lila blühender, niederer Halbstrauch, der wild auf den Bergen Griechenlands wächst; sehr herb und aromatisch. Man verwendet die getrockneten, fast nadelartigen Blätter, oft auch zerrieben, für Soßen und Fleischspeisen.

Gemüse, Kräuter und Obst als Würze

Unser spätantiker Vorgänger als Kochbuchautor Athenaios (um 200 n. Chr.) empfahl gekochten Kohl, Rettich bzw. Radieschen und Maronen, um unschöne Wirkungen des starken Weingenusses zu dämpfen. Also: Frisches contra zuviel Geisteskitzel. Aber auch abgesehen von solchen Problemen: Kohl, Lauch, Karotten, Sellerie und – unbedingt! – Knoblauch sind neben vielen anderen dieser Art seit jeher ebenfalls Mittel des Würzens. Wie die Rezepte zeigen, sind sie treue Begleiter unzähliger Gerichte und keineswegs gleichgültige Zugaben. Vor allem zählen hierher:

Knoblauch/Skórdo
Wie schon gesagt, der roh beigegeben oder mitgekocht wird. Er spielt ohne Zweifel die erste Geige im Zungenorchester einer wahrhaft griechischen Hausfrau. Den von Gesprächspartnern meist als lästig empfundenen Atemgeruch verursacht er nur, wenn roh gebraucht.

Brennessel/Tsouknída
Die wildwachsende. In ihrer Jugend muß sie ihre zarten Herzblätter hergeben, um viele Gemüsegerichte (z. B. den Spinat) aromatisch-herb zu verfeinern.

Junge Zwiebeln/Fréska kremídia
In den Rezepten wird oft von »jungen Zwiebeln« gesprochen. Diese ähneln etwas den Winterzwiebeln. Es ist eine Art kleiner Lauch. Man verwendet auch einen Teil der zartesten grünen Blätter. Gebraucht werden sie vor allem für Suppen, Salate und Fleischgerichte.

Zwiebeln/Xerá kremídia
Sie gehören fast zu jedem Gericht und dienen auch zur Neutralisierung von Gerüchen (!). So nimmt z. B. beim Kochen eines Huhnes eine ganze, geschälte Zwiebel den spezifischen, meist als unangenehm empfundenen Huhngeruch weg. Zwiebeln gehören auch in den bekannten griechischen Bauernsalat. – Ein dicker Umschlag von geriebenen Zwiebeln mildert den Schmerz eines verstauchten Fußes und läßt die Schwellung abklingen.

Kapern/Kápari
Die Knospen der überall wild wachsenden Pflanze würzen eingelegt Salate und Soßen. Früher, aber hin und wieder auch jetzt noch, wurden die großen Knospen kurz vor der Blüte gesammelt, in der Sonne getrocknet und dann als Gericht zubereitet.

Petersilie/Maidanós
»Der gedeiht überall wie die Petersilie«, sagt eine Redewendung. In Griechenland wird nur die großblättrige Petersilie verwendet, die so würzig schmeckt und die fast überall dazugehört (wie sie ja auch überall wächst), vom Salat bis zu allen Gerichten.

Tomate/Domáta
Sie ist heute ein unentbehrliches Element der Geschmacksgebung in der griechischen Küche, ihre lateinamerikanische Herkunft längst vergessen.

Granatapfelbaum.

Mandelbaum.

Granatäpfel/Róidi
Wir finden sie – vor allem auch die ausgelösten Kerne – in vielen Soßen, Salaten, Süßspeisen, Gemüse-, Fisch- und Fleischgerichten.

Gewürze im weitesten Sinne

Den Rang von Gewürzen nehmen in der griechischen Speiseküche neben Salz, Pfeffer, Zimt, Nelke und Muskat auch die sehr häufig verwendeten Mandeln, Haselnüsse, Pinienkerne und Walnüsse ein. Nicht zuletzt gehört auch der Sesam hierher, der platte, kleine Samen einer ursprünglich aus Indien und Afrika stammenden Kapselfrucht. Er ist stark ölhaltig und wird mancherorts (z.B. in Kreta) auf die *Pítas* (Pasteten) gestreut, und im ganzen Lande auf Brot und Feingebäck.
Auch die Korinthen finden wir nicht selten schon vor dem Dessert im Essen. Und wenn es deftig ist, gehören oft auch getrocknete Pflaumen hinein. Schließlich finden auch verschiedene Arten von Käse würzende Verwendung. Meistens werden 3–4 verschiedene Käsesorten, z.B. Kasséri, Graviéra, Parmesan und Kefalotíri, und zwar gleich gerieben und gemischt zugegeben. Der damit erzielte Mischgeschmack ist erheblich besser. Gleiches gilt für den Streukäse über die Spaghetti, ebenso für die *Tirópita* (Käsepastete) oder den *Pastízio* (Nudelauflauf) und für *Moussaká* (Auberginen-Auflauf).

Knoblauch – das verkannte Gewürz

Oft noch sprechen auf unseren Breiten kulinarische Analphabeten dem Knoblauch naserümpfend die Gesellschaftsfähigkeit ab wegen seines Odeurs, den er seinem Konsumenten anhefte. Ein nasologisches Vorurteil, noch immer so mächtig, daß sich der deutsche Pro-Kopf-Verbrauch jährlich mit kümmerlichen zwei Zehen bescheidet. Immerhin macht sich die Gesundheitswelle neuerdings auch die legendär »vitalen« Qualitäten des Knoblauchs zu Nutzen, allerdings in seiner geruchlosen Entartung von Pillen, Säften und Extrakten, die kaum halten, was sie versprechen: Seine Wohltaten erschließen sich nur mitsamt seinem penetranten »Parfum«, d.h. in seiner unmanipulierten Naturfrische. Doch allmählich gewinnt auch der rohe Knoblauch an Boden in unseren Küchen dank des Massentourismus in seinen Heimat- (und Export-) ländern, Griechenland und dem Nahen Osten, Italien und der Provence; dank auch der vielfrequentierten griechischen, türkischen und italienischen Tavernen in unseren Städten – vor Ort kapituliert ratenweise die alte Voreingenommenheit. Der fortgeschrittene Gourmet bedarf solcher Belehrung ohnehin nicht, schon längst würdigt er seine Unentbehrlichkeit für Fleisch und Fisch, für Salat und Käse, ja sogar roh huldigt er ihm. Ex oriente lux (alles kommt aus dem Morgenland) gilt also auch für den Knoblauch.

Sei's mit unverständlicher Verspätung, denn der Knoblauch blickt schon auf eine mehr als 3000jährige Vergangenheit der Bewährung zurück. Bereits der alte Orient verwendete ihn als

... nicht nur griechisches Elixier.

Arznei gegen Darm- und Infektionskrankheiten, aber auch als nachhaltiges Stimulans für Kampf und Leistung. Den ägyptischen Pyramidenbauern wurde der Knoblauch zur Gesundheitsstabilisierung verabreicht, und die griechischen Athleten schätzten ihn gleichsam als Anabolikum. Hippokrates (460–377 v. Chr.), der Urvater der wissenschaftlichen Medizin, benutzte ihn zur Heilung von Entzündungen des Darms und der Mundhöhle, des weiteren bei Lungenerkrankungen und Tumoren. Sein nicht minder großer Kollege, der Grieche Galenos aus Pergamon (129–200 n. Chr.), »die« ärztliche Autorität bis in unser 16. Jahrhundert hinein, empfahl den Knoblauch wegen seiner keimtötenden Wirkung, und mit seiner Hilfe schützten sich die Araber vor verseuchtem Trinkwasser. Als Desinfektionsmittel tat er Dienste noch im Ersten Weltkrieg, und die französischen Kinder werden mittels des Knoblauchs von ihren Würmern erlöst. Im übrigen bleibt heute nach der 50jährigen Forschertätigkeit von Oldrich Konvicka (an der Technischen Universität München) kein Zweifel mehr an

seiner therapeutischen und prophylaktischen Wirkung bei Bakterien-, Pilz- und Wurmerkrankungen wie auch gegen Salmonelleninfektionen, gegen Umweltvergiftungen durch Blei und Nikotin; weiter stellte er seine regulierende Tauglichkeit für die Körperdurchblutung, gegen Bluthochdruck und überhöhten Cholesterinspiegel fest. Daher denn Dr. Konvicka zur Erhaltung seiner Gesundheit alltäglich drei bis fünf frische Knoblauchzehen verzehrt. Woraus in Abwandlung des zimmermännischen Sprichworts zu folgern ist: Der Knoblauch in der Küche erspart den Arzt. Und schließlich weiß jedes Kind, daß der Knoblauchkranz im Bündnis mit dem christlichen Kreuz den einzig sicheren Schutz gegen Vampire aus dem gräflichen Geschlecht der Dracula gewährt. Wie denn auch Odysseus, auf Geheiß von Gott Hermes, die Wirksamkeit des Knoblauchs höchst erfolgreich gegen die Zauberkräfte der Circe erprobte.
Nichts falscher aber, als aus dieser Nutzenanalyse abzuleiten, die Vorliebe des Mediterranen für den Knoblauch beruhe ausschließlich auf seinen therapeutischen Qualitäten. Gewiß schätzt er seine körperlichen Wohltaten – jedoch als Nebenwirkung. In der Hauptsache ist er ihm wegen seiner beizenden Würze zugetan. Verwendet er all seine anderen Gewürze für seine Speisen als I-Punkte, mit dem Knoblauch setzt er ihnen das Ausrufezeichen. Und weit mehr als das Nordlicht liebt er ja – und nicht nur in seiner Sprache – das Ausrufezeichen. Wem das nicht gefällt, dem ist nicht zu helfen – auch nicht mit dem Knoblauch.
Mit seinen rund 100 Arten gehört er zur Familie des Lauchs. Seine mehrfach umhäutete weiße Zwiebel enthält mehrere Zehen; ihr 60 bis 100 Zentimeter hoher, runder Stengel schickt flache, schmale Blätter aus und eine Dolde mit unfruchtbaren, rötlichweißen Blüten. Die Vermehrung erfolgt ungeschlechtlich, was die Züchtung etwa besonders heilintensiver oder geruchloser Sorten erschwert. Förderlich ist ihm nahrhafter, aber nicht gedüngter, sandig-lehmiger und warmer Boden. Einzelne Zehen werden im Herbst oder im frühen Frühjahr auf einer Entfernung von 15 bis 20 Zentimeter gepflanzt. Sobald sich die Stengel vergelben, holt man die Zwiebeln aus der Wurzelerde, bündelt sie und trocknet sie an einem luftigen Gehänge, jedoch nicht zu lange. Beim Einkauf achte man auf die Unversehrtheit der Zwiebel. Das Kochen oder Braten mindert Geschmack und Wirkung der Zehen, die zu voller Geltung kommen, wenn sie den warmen – und natürlich auch den kalten – Speisen klein gehackt und/oder mit etwas Salz zerrieben erst vor dem Servieren zugesetzt werden, eventuell mit ein wenig Olivenöl.
Wer den Knoblauch nicht mit der Muttermilch eingenommen hat, halte sich an den Erfahrungssatz von Maurice Edmond Sailland, alias Curnonsky, den »Fürsten der Gastronomen« (in seinem Buch »La Table et l'Amour«, 1950): »Eine zarte Liebkosung von Knoblauch gibt neue Kraft, ein Übermaß von Knoblauch macht schläfrig.«

Soßen

Die Soße spielt eine Hauptrolle bei fast jedem griechischen Gericht. Sie ist ein Bestandteil des Gerichts und wird nur selten (z.B. bei Spaghetti) gesondert serviert. Die schmackhafte Soße, in die man so gern Brotstückchen taucht, ist bereits seit dem Altertum bekannt. Die Köche von Byzanz erhoben sie (zum großen Ärger der Kirche, die sie als Verderber der Seelenreinheit betrachtete) zu einer Sonderkunst und erfanden das passende Gefäß dazu, also die auch uns noch bekannte Sauciere (Soßenschüssel), die sie »Saltzarion« nannten. In früheren Jahrzehnten, bevor die Nahrungsmittelindustrie auch auf Griechenland ihren Eishauch blies, saßen Arbeiter und Bauern in ihrer Mittagspause am Rande des Weges im Schatten eines Olivenbaumes und aßen Tomatensalat mit viel Öl, tauchten ihr Brot darein, bissen von einer Zwiebel ab und würzten die Mahlzeit mit einigen Oliven. Frisches Wasser für den Durst, eine kurze Siesta, vom Zirpkonzert der Grillen begleitet, gesättigtes und friedvolles Erwachen. Trotz allen Fortschritts gibt es noch heute nichts Besseres bei harter körperlicher Arbeit und kein überzeugenderes Argument für den Nutzen der Soße.
An die 40 verschiedene Soßen zählt die griechische Küche. Hier erwähnen wir nur die wichtigsten und markantesten.

Öl- und Essig-Soße
Sáltsa ladóxido

1 Tasse Öl, 1–2 EL Essig,
2 TL Senf, Salz,
1 TL Paprika, ½ TL Zucker,
1 sehr fein gehacktes,
hartgekochtes Ei,
1 EL feingewiegte Petersilie,
1–2 gewiegte, kleine Essiggurken,
Kapern

Öl, Essig, Senf, Salz, Paprika und Zukker sehr gut verrühren. Die übrigen Zutaten beifügen.
Ohne Ei, Gurken, Kapern und Petersilie kann die Soße im Kühlschrank sehr lange aufbewahrt werden.

Variation
Pikante Soße: 1 Tasse Weißwein, 3–4 TL Tomatenketchup und 2 sehr fein geriebene Zwiebeln zufügen.

Öl- und Zitronen-Soße
Sáltsa ladolémono

1 Tasse Öl, Saft von 1–1½ Zitronen,
1 EL feingewiegte Petersilie, 1 TL Senf,
Salz, Pfeffer.

Mayonnaise
Majonésa

3–4 Eigelb, Öl,
Saft von ca. 2 Zitronen,
Salz, Zucker, Senf

Die Eigelb mit einer Gabel mischen. Unter ständigem Rühren tropfenweise Öl zugeben. Das Gelingen hängt völlig davon ab, daß alle Zutaten Zimmertemperatur haben und daß das Öl tatsächlich tropfenweise zugegeben wird, bis die Mayonnaise hellgelb ist. Dann abwechselnd Öl und Zitronensaft zugeben. Die Menge des Öls hängt von der gewünschten Gesamtmenge ab. Zitronensaft, Salz, Zucker, Senf nach Geschmack ergänzend hinzufügen.

Variation
Mayonnaise für Krabben, Hummer oder Fisch: 3 Tassen Mayonnaise mit Tomatenketchup (nach Geschmack), 1 Tasse zerdrückten Krabben, ¼ Tasse Sahne, ¼ Tasse Weißwein vermischen.

Béchamelsoße
Sáltsa bessamél

Für 1 Tasse mitteldicke Béchamelsoße
2 EL Mehl, 2 EL Pflanzenfett,
1 Tasse Milch,
1 Ei, ¼ TL Salz, Pfeffer,
1 Handvoll geriebener Käse.

Für 1 Tasse dicke Béchamelsoße
3 EL Mehl, 3 EL Pflanzenfett,
1 Tasse Milch,
1 Ei, Salz, Pfeffer,
1 Handvoll Käse

Mehl mit Fett auf leisem Feuer unter ständigem Rühren gelb dünsten. Die heiße Milch ganz langsam unter ständigem Rühren zugießen. Die Soße soll glatt sein. Vom Feuer nehmen, abkühlen. Ei, Salz, Pfeffer und Käse hinzufügen.

Knoblauchsoße
Skordaliá

4–5 große Knoblauchzehen,
4–5 Scheiben altbackenes, eingeweichtes, ausgepreßtes Weißbrot ohne Kruste (auch Toastbrot),
125 g geschälte Mandeln (in kochendes Wasser legen, bis man die braune Haut abziehen kann),
6 EL Öl,
2 EL Essig,
Salz nach Geschmack

Die von der braunen Schale gesäuberten Mandeln und die geschälten Knoblauchzehen mit dem Handmixer (Schneidemesser) gut pürieren. Das nicht zu fest ausgepreßte Brot beifügen, weitermixen. Öl, Essig und Salz zugeben. Die Soße muß zu einem ziemlich dicken Brei werden.
Skordaliá wird gern serviert zu Gebratenem, z.B. Auberginenscheiben, Zucchinischeiben, Fisch, aber auch zu roten Rüben und zu grünen Bohnen mit Tomatensoße.

Einfache Tomatensoße
Sáltsa domáta

500 g geschälte, frische Tomaten oder 1 Dose (500 g) geschälte Tomaten,
2 EL Pflanzenfett,
3 Tassen heißes Wasser,
Salz,
Pfeffer,
1 TL Zucker

Die Tomaten klein schneiden. Auf leisem Feuer ohne Wasser erst weich werden lassen. Dann das Pflanzenfett, das heiße Wasser beifügen (bei Bedarf später noch etwas Wasser zugießen) und die Gewürze nach Geschmack zugeben. 20–30 Minuten leise kochen lassen.

Feine Tomatensoße

500 g geschälte, sehr klein geschnittene Tomaten oder 1 Dose (500 g) geschälte Tomaten,
¼ Tasse Pflanzenfett,
einige Sellerieblätter,
1 halbierte Karotte,
1 Lorbeerblatt,
2–3 Nelken, Muskat,
etwas feingewiegte Petersilie,
1–2 TL Zucker,
Salz,
Pfeffer,
1 Tasse süßer Wermut,
1 Mokkatasse Weinbrand

Wie Einfache Tomatensoße zubereiten. Soße muß ca. 45 Minuten leise kochen; wenn notwendig, Wasser oder Wein zugießen. Vor dem Servieren passieren.

Variation
Diese Soße kann noch mit ¼ l Schlagsahne verfeinert werden. Besonders würzig schmeckt sie bei Zugabe von viel fein zerriebenen Basilikumblättern.

Eier- und Zitronen-Soße
Sáltsa avgolémono

Diese Soße verfeinert vor allem den eigenen »Saft« bestimmter Gerichte. Sie wird in der griechischen Küche sehr häufig verwendet.

2 Eier, Saft von 1–1½ Zitronen

Eier mit Zitronensaft zu einer homogenen Soße schlagen. Den zu verfeinernden »Saft« des Gerichts heiß, aber nicht mehr kochend unter ständigem Schlagen tropfenweise in die Avgolémono-Soße geben. Die damit entstandene neue Soße über das Gericht gießen; Topf langsam schütteln, damit sie es durchdringt, und servieren. Darauf achten, daß die neue »Gesamtsoße« nicht wieder aufkocht, weil sonst das darin enthaltene Ei gerinnt.

Petersiliensoße für Salate
Maindanosaláta

1 Suppenteller breitblättrige Petersilie,
½ Tasse Essig,
3–4 Scheiben Schwarzbrot ohne Kruste, in Wasser aufgeweicht,
1 Tasse Öl,
1 Eigelb,
Salz,
Zitronensaft,
1 ausgepreßte Knoblauchzehe,
¼ l Sahne

Nur die Blätter und die zarten Blattstiele der Petersilie mit dem Mixer zerkleinern und mit dem Essig zu einem Brei rühren. Das Schwarzbrot leicht ausdrücken, hinzugeben, weiterrühren. Öl, Eigelb, Salz, Zitronensaft (nach Abschmecken) und Knoblauch (nur den Saft) hinzufügen und immer weiterrühren. Schließlich die Sahne hinzufügen und alles so lange mixen, bis eine einheitliche Soße entsteht.

Hinweis
Wenn man mehr Brot beifügt (bis 250 g), kann die Soße als Salat gegessen werden. Sonst wird sie als Soße zu einfachem grünen Salat, Kartoffelsalaten oder z. B. grünem Salat mit gekochten Garnelen genommen.

Joghurt
Jaoúrti

Als Bereicherung einer Soße könnte auch die Gewohnheit der Griechen betrachtet werden, kurz vor Ende der Garzeit verschiedene Gerichte mit Joghurt (2 Joghurt und 125 g Sahnequark gemischt) zu übergießen. Diesem Joghurt wird meistens gestampfter Knoblauch oder viele geschlagene Eier beigemischt. So wird z. B. kurz vor Ende der Bratzeit der Lammkeule Joghurt darübergegossen und weitergebraten, bis der Joghurt dick und rosig wird.
Gewöhnlicher Joghurt ohne Zusätze, aber besser noch der quarkähnliche Jaoúrti sakúlas, wird ebenfalls zu vielen Gerichten gegessen, besonders gern zusammen mit Laderá (in Öl gekochte Gemüse).

Die griechische Küche im Winter

Obwohl die Bedeutung der Jahreszeiten für die Küche sich durch die Erfindung der Tiefkühlung und durch den schnellen Transport von Gemüsen und Obst aus südlichen Ländern verringert hat, verteidigt die Natur ihre Rechte. Viele der Speisen, die unter der Rubrik »Winter« erscheinen, kann man heute auch im Frühjahr und Sommer essen. Und umgekehrt. Viele aber auch nicht. Kälte und Hitze setzen der Begierde des Magens Grenzen. Und der Winter durchbläst Griechenland, entgegen der verbreiteten Vorstellung, wenn auch kurz, so doch recht kalt.
Für den größten Teil Griechenlands gibt es allerdings kaum je weiße Weihnachten. Dennoch ist der meist helle und jubelnd sonnige Tag auch hier das Fest auf dem Höhepunkt des Winters; ein großes, religiöses Familienfest. Die Sitte des Weihnachtsbaumes ist in Griechenland nicht zu Hause, obwohl sie durch den zunehmenden westlichen Einfluß mehr und mehr Fuß faßt. Es werden auch keine Geschenke ausgetauscht. Der Heilige Abend ist unbekannt.
Der 25. Dezember gehört der Familie. Vormittags wird der Gottesdienst besucht. Mittags schafft der Familientisch, der die engere Familie, Verwandte und alleinstehende Freunde vereint, die festliche Stimmung im Hause. Eine Suppe mit Eier- und Zitronensoße (von der Brühe der Pute zubereitet), *Gemistí galopoúla* (gefüllte Pute), ein Salat, wie ihn die Jahreszeit hergibt, und *Karidópita* (Nußkuchen), *Kourabiédes* (Mürbeteiggebäck),

Melomakárona (Honig-Weihnachtsgebäck), *Díples* (Liebesschleifen) sind die Hauptgerichte und Gebäcke des Tages.
Der Silvesterabend dagegen ist der Abend der großen Geselligkeit. Es werden Geschenke ausgetauscht, ein an *Mesedákia* (einer Art Gabelbissen, Vorspeisen oder Zwischengerichte, vor allem zum Wein) reiches Buffet wird aufgebaut, man spielt Karten und tanzt bis kurz vor Mitternacht. Dann werden alle Lichter ausgelöscht, die Fenster und Türen geöffnet (das alte Jahr soll heraus und das neue herein können). Mit dem zwölften Schlag brennen wieder sämtliche Lichter des Hauses, Wünsche, Küsse und Sektgläser kreuzen sich, und bald versammelt man sich um den Tisch, auf dem die *Vassilópita* (der Neujahrskuchen) goldbraun glänzt, mit Sesam und Mandeln geschmückt. Vor dem Backen ist eine kleine goldene Münze im Teig versteckt worden. Der Kuchen wird vom Familienvater feierlich aufgeschnitten. Die Stücke werden zugeeignet: das erste Stück gehört der Gottesmutter, das zweite dem Hause, das dritte dem Bettler und dann nach der Hierarchie den Familienmitgliedern, wenn sie auch abwesend sind, dann den Verwandten und anwesenden Freunden. Wem die Goldmünze zufiel, der ist das Glückskind des Jahres.
Am 6. Januar, dem Fest der Taufe Christi, singen – genauso wie an Weihnachten und Silvester – Kinder, mit Triangeln klingelnd, vor den Türen und wünschen »Chrónia pollá« – viele Lebensjahre; sie erhalten Geld und Süßes.

Schweinekeule gedämpft
Boúti achnistó

1 kleine Schweinekeule (vom Ferkel), enthäutet, 3 Zitronen, Salz, Pfeffer, 3 große, ganze Orangen, Thymian, 6–7 Lorbeerblätter, 4 l herber Rotwein, sauberer, kochfester Bindfaden

Die Schweinekeule waschen und mit dem Saft von 1 Zitrone einreiben, salzen, pfeffern. An den beiden Griffen eines Kochtopfs die Keule so mit Bindfaden befestigen, daß sie 2–3 cm über dem Topfboden hängt. 2 Zitronen und die Orangen in Scheiben schneiden, mit Thymian und den Lorbeerblättern in den Topf legen; 1 l Rotwein daraufgießen. Auf sehr kleiner Flamme kochen, so daß der Wein mit den Aromatika die Keule dämpft. Sobald der Wein verdampft ist, neuen nachgießen, und zwar so lange, bis der Wein aufgebraucht und die Keule weich ist. Topf vom Feuer nehmen, Fleisch in Scheiben schneiden. Die Weinsoße passieren und darübergießen. Mit Pommes frites servieren.

Schweinekeule nach Kalamata Art
Boúti chirinó kalamatianó

1½ kg magere Schweinekeule, ½ Tasse Pflanzenfett, 2½ Tassen Weißwein, 1 Tasse süßer Rotwein, Saft von ½ Orange, 1 Lorbeerblatt, 1 EL Pfefferkörner, Salz, einige geschälte Zitronenscheiben

Das Fleisch in große Würfel schneiden und im heißen Fett anbraten. Mit allen anderen Zutaten in einen Topf geben und zugedeckt leise gar schmoren. Evtl. etwas Wein nachgießen. Es soll nur wenig Soße bleiben. Mit Pommes frites oder Spaghetti reichen.

Schweinefleisch mit weißen Bohnen
Chirinó me fassólia xerá

500 g weiße Bohnen, 1½ kg Schweinefleisch zum Braten, ½ Tasse Pflanzenfett, 1–2 feingeriebene Zwiebeln, 2½ EL in 1–2 Tassen heißem Wasser aufgelöstes Tomatenmark, Salz, Pfeffer, ½ TL Paprika, 2 EL feingewiegte Petersilie, 1 EL feingehackte Sellerieknolle

Die Bohnen am Abend vorher waschen und in kaltes Wasser legen. Am nächsten Tag abtropfen lassen, mit frischem, kaltem Wasser bedecken und kochen. Das Fleisch in handtellergroße Scheiben schneiden, im Fett anbraten, die Zwiebeln dazugeben und weiterschmoren. Das Tomatenmark, Salz, Pfeffer, Paprika, Petersilie und Sellerie hinzufügen, zudecken und schmoren lassen, bis das Fleisch zart und weich ist. Die fast gar gekochten Bohnen abtropfen lassen, zu dem Fleisch geben und noch ½ Stunde mitkochen. Gesamte Kochzeit 1½–2 Stunden.
Das gleiche Essen läßt sich auch mit Hammel-, Kalb- oder Rindfleisch zubereiten.

Schweinefleisch mit Lauch
Chirinó me prássa

2 kg Lauch, 1½ kg Schweinefleisch zum Braten (Lamm, Kalb oder Rind), Salz, Pfeffer, 2 feingeriebene Zwiebeln, ½–¾ Tasse Pflanzenfett, 1 EL Tomatenmark, 2 Tassen Wasser

Den Lauch (nur den weißen Teil) säubern, grob schneiden, waschen, in Salzwasser 2–3 mal aufkochen, abtropfen lassen. Fleisch in große Stücke schneiden, salzen, pfeffern und mit den Zwiebeln im heißen Fett anschmoren. Das im heißen Wasser aufgelöste Tomatenmark hinzufügen. Leise 1 Stunde zugedeckt schmoren. Lauch dazugeben und sacht weiterschmoren, bis die Soße fast eingekocht ist.

Schweinefleisch mit Sellerie und Eier- und Zitronen-Soße
Chirinó me sélina avgolémono

1½ kg Sellerieknolle, 1½ kg Schweinefleisch zum Braten (Lamm, Kalb oder Rind), Salz, Pfeffer, ½ Tasse Pflanzenfett, 2–3 feingeriebene Zwiebeln, 1 EL Mehl, 2–3 Tassen heißes Wasser, Eier- und Zitronen-Soße (Seite 31)

Sellerie schälen, waschen, in dicke Würfel schneiden, in siedendem Salzwasser einige Minuten kochen, abtropfen lassen. Fleisch in Würfel schneiden, salzen, pfeffern und im heißen Fett anbraten. Zwiebeln hinzufügen, etwas mitschmoren, Mehl unterrühren, heißes Wasser zugießen, zugedeckt leise halb weich kochen. Sellerie dazugeben, langsam gar kochen und vom Feuer nehmen. Mit Eier- und Zitronen-Soße übergießen.

Gebackenes Hirn
Mialá tiganitá

3–4 Kalbshirne, Salz, Essig oder Zitrone, Öl, 1 Tasse Mehl, ½ Tasse Milch, 1 TL Backpulver, 2 Eier, Pfeffer, Pflanzenfett oder Öl zum Ausbacken

Das Hirn waschen und in lauwarmem Wasser 30 Minuten stehen lassen. Haut und Blut entfernen. In siedendem Salzwasser, dem Essig oder Zitronensaft beigegeben wurde, 18–20 Minuten leise kochen. Gut abtropfen lassen, in Scheiben schneiden, mit etwas Öl und Essig beträufeln und 1 Stunde stehen lassen.
Mehl, Milch, Backpulver, Eier, Salz und Pfeffer zu einem glatten Teig verrühren. Die Hirnscheiben durch den Teig ziehen und in heißem Fett oder Öl schwimmend ausbacken. Mit Tomatensoße (Seite 30) und Pommes frites servieren; auch als Vorspeise.

Variation
Das Hirn wie oben vorbereiten, in Mehl wälzen, in verquirltes Ei tauchen und in Paniermehl, das mit geriebenem Parmesankäse gemischt ist, wälzen, braten.

Gedämpftes Rinds- oder Kalbsherz oder -zunge
Vodiní Kardiá stifádo

2 Rinds- oder Kalbsherzen oder 2 gekochte Kalbszungen,
¾ Tasse Pflanzenfett,
¼ Tasse Öl, 2 EL Essig,
1 Glas Weißwein,
500 g geschälte, geschnittene Tomaten oder 1 EL in 1 Tasse Wasser aufgelöstes Tomatenmark,
2 feingehackte Knoblauchzehen,
2 Lorbeerblätter,
Salz, Pfefferkörner,
2–3 Nelken,
500 g kleine Zwiebeln

Herz von den Strängen befreien, in längliche Stücke schneiden und in ½ Tasse Fett und dem Öl andünsten. Essig und Weißwein hinzugeben; sobald die Flüssigkeit verdunstet ist, Tomaten, Knoblauch, Lorbeerblätter, Salz, Pfefferkörner und Nelken hinzufügen. Leise weiterschmoren. Die Zwiebeln abziehen, 5 Minuten in siedendes Wasser geben, abtropfen lassen. Das restliche Fett (¼ Tasse) erhitzen, die Zwiebeln hinzufügen, zudekken, leise schmoren (ab und zu vorsichtig umrühren). Schließlich das Herz mit seiner Soße zu den Zwiebeln geben und zugedeckt weiterdünsten, bis diese weich sind. Wenn notwendig, etwas heißes Wasser zugießen.

Anmerkung
Die Innereien spielen in Griechenland eine große Rolle. Die angegebenen Zubereitungsarten von Leber, Herz, Milz und Zunge, aber auch von Lammfüßen, sind nur einige von zahlreichen Rezepten. Nichts, aber auch gar nichts darf weggeworfen werden. Alles gehört auf den Familientisch. Die meist noch harte körperliche Arbeit nimmt diätetischen Bedenken des verstädterten Büroarbeiters ihre Bedeutung. Dazu beflügelte die Not früherer Jahre den Einfallsreichtum. Aus dem gleichen Grund der Sparsamkeit wird auch so viel Hackfleisch verwendet. Es erlaubt die Verwendung von billigen Fleischsorten und auch das Untermischen von Fleisch- und Huhnresten. Die feinere griechische Küche nimmt allerdings fast immer reines, gemischtes Hackfleisch (Kalb und Lamm), so wie auch der geriebene Käse immer gemischt wird (Kasseri mit Kefalotiri), zur Verbesserung von Geschmack und Aroma.

Smyrna-Würstchen
Foto
Soudzoukákia smirnéika

750 g gemischtes Hackfleisch,
4 in Wasser eingeweichte Scheiben altbackenes Weißbrot (ohne Kruste),
3 fein zerquetschte Knoblauchzehen,
2 TL Salz,
Pfeffer,
2 TL fein gestoßener Kümmel,
Mehl,
½ Tasse Pflanzenfett,
1 Glas Weißwein oder Wermut,
500 g passierte Tomaten oder 2 EL in 2 Tassen Wasser aufgelöstes Tomatenmark,
1 TL Zucker, Salz

Hackfleisch zweimal durch den Wolf drehen. Mit dem gut ausgepreßten Brot, Knoblauch, Salz, Pfeffer und Kümmel gut zusammenkneten. Aus der Masse ca. 30 kleine Würstchen formen, mit Mehl bestäuben. Das Fett erhitzen und die Würstchen anbraten, in eine feuerfeste Schüssel legen. In die Bratpfanne Wein gießen, einige Minuten kochen und die Würstchen damit übergießen. Die Tomaten mit Zucker und Salz kurz kochen, über die Würstchen schütten. Im Backofen bei mäßiger Hitze 20–30 Minuten braten. Mit Reis oder Pommes frites servieren.

Smyrna-Würstchen im Backofen

Soudzoúkia sto foúrno

Nach dem vorhergehenden Rezept Smyrna-Würstchen bereiten und roh in eine feuerfeste Form geben. Mit den Tomaten, Fett, Zucker, Salz und Wein eine Soße kochen und über die Würstchen gießen. Zusätzlich einige Oliven dazwischenlegen, etwas Fett in Flöckchen darüberstreuen. 1 Stunde bei mäßiger Hitze im Ofen braten. Wenn sie oben rosig werden, umdrehen und fertigbraten. Mit Reis, Spaghetti oder Pommes frites servieren.

Fleisch mit Teig-Reis und Kastanien

Jouvétsi me kástana

1 kg Eßkastanien (Maronen), je 500 g Kalb-, Lamm- und Schweinefleisch, Salz, Pfeffer, Kümmel, 1 kleine Zwiebel, 3 EL Pflanzenfett, 500 g Kritharaki (= reisförmige Teigware, in griechischen Geschäften erhältlich)

Die Kastanien mit einem Messer tief einschneiden und im Bratofen rösten. Dann beide Schalen entfernen. Das Fleisch in Stücke schneiden und in einer Schüssel (Ton oder feuerfest) mit den Kastanien, Salz, Pfeffer, Kümmel und der grobgeriebenen Zwiebel vermischen. Die Mischung mit der Schüssel darüber in die Mitte einer ausreichend großen und für den Bratofen geeigneten Pfanne stürzen, so daß die Fleischmischung bedeckt bleibt. Die Schüssel beschweren, damit sie sich nicht bewegt. 3 Gläser Wasser in die Pfanne gießen. Im Backofen bei 250 °C ca. 2 Stunden belassen. Wenn nötig etwas Wasser zugießen.
In einer Kasserolle das Pflanzenfett zerlassen und den Kritharaki darin rosig werden lassen, dann um die Schüssel in der Pfanne verteilen. Kochendes Wasser (auf je 1 Tasse Kritharaki ca. 2 Tassen Wasser) und Salz hinzufügen und ca. 45 Minuten kochen lassen, bis die Flüssigkeit aufgebraucht und das Kritharaki gar ist. Die Pfanne aus dem Ofen nehmen, die Schüssel entfernen und das Gericht servieren.

Lamm- oder Kalbspfoten mit Eier- und Zitronen-Soße

Patsáss me avgolémono

2 kg Pfoten, etwas Sellerieknolle, 2–3 Möhren, 2–3 Zwiebeln, Salz, Pfefferkörner, 2 Lorbeerblätter, 3–4 EL Pflanzenfett, 1 EL Mehl, ½ Tasse Milch, Eier- und Zitronen-Soße (Seite 31), 1 Bündel feingehackte Petersilie, geröstete Brotwürfel

Die Haare von den Pfoten abschaben, gut waschen, an der weicheren Stelle, also zwischen den Zehen, einen tiefen, senkrechten Schnitt machen. Von Wasser zur Hälfte bedeckt halb weich kochen. Sellerie, Möhren, Zwiebeln, Salz, Pfefferkörner, Lorbeerblätter hinzufügen; 30–40 Minuten leise kochen. Die Pfoten herausnehmen, das Fleisch von den Knochen lösen und in größere Würfel schneiden. Die Brühe passieren. Fett und Mehl leicht anbräunen; die Brühe und die Milch langsam zugießen, Fleisch ebenfalls beifügen, noch einige Minuten kochen. Mit Eier- und Zitronen-Soße übergießen. Petersilie darüberstreuen. Mit Sellerie, Möhren und gerösteten Brotwürfeln servieren.

Variation

Statt Soße mehr Wasser hinzugeben und 1 feingehackte Knoblauchzehe; dann wie oben zubereiten, aber eine Suppe daraus machen. Als Suppe ist es ein sehr volkstümliches Gericht, das besonders bei den Nachtschwärmern beliebt ist.

Fleischbällchen

Foto

Keftédes

750 g gehacktes Rind- und 250 g gehacktes Schweine- oder Kalbfleisch, 6 Scheiben altbackenes, in Wasser eingeweichtes und gut ausgepreßtes Weißbrot (ohne Kruste), Salz, Pfeffer, 3 EL Öl, ½ TL Krauseminze oder Basilikum, 1½ EL feingewiegte Petersilie, Mehl zum Wälzen, Öl zum Braten

Das Hackfleisch sehr fein hacken, am besten zweimal durch den Wolf passieren. Alle Zutaten dazugeben, gut mischen und kneten, dabei die Hände wiederholt in Wasser tauchen. Die Masse in pflaumengroße Bällchen formen, 1 Stunde stehen lassen. Bällchen in Mehl wälzen und in heißem Öl goldbraun braten. Kalt oder warm essen.

Variationen

▷ Aus der fertigen Masse Frikadellen formen, mit Öl bestreichen und grillen.

▷ Die vorbereiteten Bällchen in eine feuerfeste Schüssel legen, mit zerlassenem Fett und Zitronensaft übergießen und in mäßiger Hitze im Ofen braten.

▷ Die Bällchen vorbereiten und in folgender Soße servieren:
2 EL Mehl in 2–3 EL Öl oder Pflanzenfett andünsten. 1 Tasse Weißwein, 1 Tasse heißes Wasser, 2 zerquetschte Knoblauchzehen, 2 Tassen Tomatenbrei von frischen Tomaten (geschält, entkernt, passiert) oder 1½ EL in 2 Tassen Wasser aufgelöstes Tomatenmark, Salz, Pfeffer, 1 TL Zucker und etwas Zimt dazugeben. Leise kochen lassen (30–45 Minuten), dann die gebratenen Bällchen beifügen und 2–3 Minuten mitkochen lassen. Mit Pommes frites servieren.

Fleischbällchen in Eier- und Zitronen-Soße

Jouwarlákia avgolémono

750 g gemischtes Hackfleisch, 3 EL roher Reis, 3 EL Öl, 3 EL feingewiegte Petersilie, Salz, Pfeffer, 1 feingewiegte Knoblauchzehe, 1 in feine Streifen geschnittene Paprikaschote, ½ Tasse Pflanzenfett, heißes Wasser, Eier- und Zitronen-Soße (Seite 31)

Das Hackfleisch mit Reis, Öl, Petersilie, Salz, Pfeffer und Knoblauch gut vermischen und daraus pflaumengroße Klößchen kneten. Das Fett erhitzen, die Klößchen kurz darin schmoren, die Paprikastreifen zufügen, mit heißem Wasser bedecken, salzen, pfeffern, 30–45 Minuten zugedeckt leise ziehen lassen. Mit Eier- und Zitronen-Soße (nach Belieben Kapern hinzufügen) übergießen, mit Brot und Salat servieren.

Variation für die Soße
½ kg geschälte, kleingeschnittene Tomaten oder 1 Dose (500 g) geschälte, kleingeschnittene Tomaten in einem Topf ohne Wasser weich kochen.
1 Tasse Weißwein und 1 Tasse Wasser zugießen, kochen lassen. In einem anderen Topf 1 feingeriebene Zwiebel und 2 feingeschnittene Knoblauchzehen in Fett schmoren lassen. Die Klößchen hinzufügen, weiterschmoren. Die Tomatensoße darübergeben, 1 TL Zucker, Salz, Pfeffer, die geschnittene Paprikaschote zufügen; mit heißem Wasser bedecken, 30–40 Minuten leise kochen lassen. Bei Bedarf etwas Wasser zugießen. Es darf nur wenig Soße bleiben.

Gefüllte Pute
Gemistí galopoúla

1 Pute von etwa 3½ kg,
1 geschälte Zwiebel,
Salz, Pfeffer,
Saft von 1 Zitrone,
zerlassenes Fett zum Bestreichen
Für die Füllung: 500 g gemischtes Hackfleisch, die kleingeschnittenen Innereien der Pute,
2 feingeriebene Zwiebeln,
1 Tasse Pflanzenfett,
Salz,
Pfeffer,
Muskatnuß,
1 Tasse Weißwein,
½ Tasse roher Reis,
750 g Kastanien,
5–6 Äpfel,
125 g Korinthen,
½ Tasse Pinienkerne

Die Pute ausnehmen, waschen, die Zwiebel in den Bauch schieben, innen und außen salzen, pfeffern, mit Zitronensaft einreiben. In Wasser ca. 30 Minuten halb gar kochen.
Für die Füllung das Hackfleisch, die Putenleber, das Herz und die Zwiebeln im Fett anschmoren, salzen und pfeffern, etwas Muskatnuß zugeben. Weißwein, 1 Tasse Wasser und den Reis hinzufügen. Leise 20 Minuten schmoren, bis die Flüssigkeit verdunstet ist. Die Kastanien auf einer Seite tief einschneiden, goldbraun rösten, schälen und halbieren. Die geschälten und zerstückelten Äpfel, gewaschene und getrocknete Korinthen, Pinienkerne und Kastanien zum Hackfleisch geben. Die Füllung vom Feuer nehmen, erkalten lassen.
Bauch und Hals der Pute füllen, zunähen. Schenkel und Flügel an den Leib schnüren. Mit zerlassenem Fett die Pute bepinseln. Mit einem dünnen Tuch, in zerlassenes Fett getaucht, Brust und Flügel zudecken, auf die Bratpfanne den Grillrost legen und darauf die Pute. Bei mäßiger Hitze ca. 2 Stunden braten. Ab und zu das Tuch mit zerlassenem Fett bepinseln, damit es nicht trocknet und festklebt, Pute umdrehen. Kurz vor Ende das Tuch entfernen und die Haut goldbraun werden lassen.

Hinweis
Auf die gleiche Art ein Huhn zubereiten, entsprechend weniger Zutaten verwenden.

Gedämpftes Hasenfleisch
Lagós stifádo

Für die Marinade: 1 feingehackte Zwiebel, 2 feingehackte Möhren, etwas Sellerieknolle, 1 zerquetschte Knoblauchzehe, 1 EL feingewiegte Petersilie, 1 EL Thymian, Pfefferkörner, 3 Nelken, ½ l Weißwein, 3 EL Essig, 1 Weinglas Öl

1 Hase (oder Kaninchen oder 1½ kg Schweine- bzw. Rindfleisch), Salz, gemahlener Pfeffer, ½ Tasse Öl, 1 Tasse geschälte, passierte Tomaten oder 1½ EL in 1 Tasse Wasser aufgelöstes Tomatenmark, 2 Tassen Rotwein, 1 Tasse Fleischbrühe, 1 TL Zucker, 1½ kg kleine, ganze Zwiebeln oder Cipolla, ½ Tasse Pflanzenfett, 3–4 Lorbeerblätter, 3–4 Nelken, 3 ganze Knoblauchzehen, 1 Stange Zimt, 3–4 Nelken, 8 trockene Pflaumen

Zutaten für die Marinade mischen. Den Hasen in größere Portionen schneiden und mit der Marinade überdecken. 12 Stunden stehen lassen. Den Hasen herausnehmen, waschen, salzen, pfeffern und im Öl anbraten. Die passierte Marinade zugeben, leise halbgar kochen. Tomaten, Wein, Brühe und Zucker hinzugeben, zudecken und zum Sieden bringen. Zugedeckt leise schmoren lassen. Die Zwiebeln schälen, mit dem Fett leicht anbräunen. Wenn der Hase fast gar ist, die Zwiebeln und alle übrigen Zutaten beifügen. Weiter leise kochen lassen, bis die Flüssigkeit fast verdunstet und das Fleisch und die Zwiebeln gar sind.

Huhn mit Nüssen
Kotópoulo me karídia

1 Huhn, 1 ganze, geschälte Zwiebel, 1½ EL Pflanzenfett, Saft von ½ Zitrone, 3 EL Weinbrand, 1½ Tassen zerstoßene Nüsse, Salz, Pfeffer, ¼ l Sahne

Das abgewaschene Huhn mit der Zwiebel füllen und auf kleiner Flamme mit wenig Wasser gar kochen. Das Huhn mit etwas Pflanzenfett bestreichen und mit dem Zitronensaft übergießen. Im Backofen rosig werden lassen, mit Weinbrand ablöschen. Inzwischen die Kochbrühe passieren, das restliche Pflanzenfett, die Nüsse, Salz und Pfeffer hinzufügen, auf kleiner Flamme unter ständigem Rühren kochen lassen, bis alles zu einer einheitlichen Soße wird. Wenn das Huhn gar ist, den Bratfond zu der Soße gießen, die Sahne zugeben und kurz aufkochen lassen. Das Huhn damit übergießen. Mit Pommes frites servieren.

Huhn in Weinsoße
Foto

Kotópoulo krassáto

1½ kg Huhn, ½ Tasse Pflanzenfett, ½ TL Salz, Pfeffer, 2 EL Mehl, 4 EL Weinbrand, 1 Tasse Weiß- oder Rotwein, 2 zerquetschte Knoblauchzehen, 1 Bündel feingewiegte Petersilie, 2 Lorbeerblätter, ½ Tasse Wasser, 15–20 runde, kleine Zwiebeln oder Cipolla

Das Huhn in Portionen zerlegen, im Fett in der Pfanne anbraten. Die Stükke in einen Topf legen, salzen und pfeffern. Das Mehl in das Fett der Pfanne geben und bräunen. Weinbrand und Wein zugießen; Knoblauch, Petersilie, Lorbeerblätter und Wasser hinzufügen. Sobald es kocht, diese Soße in den Topf mit den Hühnerstücken gießen und zugedeckt leise kochen lassen. Die Zwiebeln schälen, ganz in Salzwasser kochen, abtropfen lassen, zu den Hühnerstücken geben, den Topf zudecken und alles noch 40 Minuten kochen lassen. Mit Pommes frites servieren.

Hühnerpastete
Kotópita

Für 8 Personen
750 g Zwiebeln, 2 kg Huhn, 3 Tassen mitteldicke Béchamelsoße (Seite 29), 250 g geriebener Schweizer Käse, Salz, Pfeffer, je 1 Prise Paprika und Muskatnuß, Nudelteig (siehe unten) oder 1 Päckchen fertiger Blätterteig oder 500 g Teigblätter, zerlassene Butter oder Fett zum Bestreichen
Für den Nudelteig: 3 Tassen Mehl, 3 EL Öl, 3 EL eiskaltes Wasser, 2 verquirlte Eier, 1 TL Salz

Zwiebeln schälen und mit siedendem Wasser übergießen. Das ausgenommene Huhn und die Zwiebeln so lange knapp mit Wasser bedeckt kochen, bis nur 1 Glas Brühe bleibt (2–2½ Stunden). Das Huhn herausnehmen, Haut und Knochen entfernen, *mit der Hand* in sehr kleine, fadenartige Stücke zerreißen. Die Zwiebeln mit dem Mixer pürieren, Zwiebelbrei, Huhn, Béchamelsoße, Käse und Gewürze gut mischen.
Für den Nudelteig alle Zutaten sehr gut mischen, kneten und 1 Stunde kühl stehen lassen. 2 hauchdünne Blätter ausrollen. Ein Blatt in eine viereckige, längliche, gefettete Bratpfanne legen, mit zerlassenem Fett bepinseln, die Hühnerfüllung darauf gleichmäßig ausbreiten. Die hängenden Ecken des Teigs über die Füllung schlagen. Mit dem zweiten Blatt die Füllung zudekken und mit dem unteren Blatt fest verkleben. Mit Fett bepinseln. Das oberste Blatt vorsichtig mehrmals rechtwinklig einschneiden (so daß der Dampf entweichen kann). Im Backofen 15 Minuten bei starker und 30–45 Minuten bei mäßiger Hitze backen.
Werden Teigblätter verwendet, jede Lage mit zerlassenem Fett bepinseln, 5 Lagen als Boden und 5 Lagen als Bedeckung nehmen.

Fleischpastetchen
Bourekákia me kimá

Für 30–40 Stück
600 g gemischtes Hackfleisch,
3 feingeriebene Zwiebeln,
2 EL Pflanzenfett,
1 Glas Wermut,
1 EL in etwas Wasser aufgelöstes Tomatenmark, Salz,
Pfeffer, Zucker,
Zimt oder Muskat,
1½ Tassen geriebener Käse,
3 hartgekochte, gehackte Eier,
1 EL feingewiegte Petersilie,
1 Tasse Béchamelsoße (Seite 29),
1 verquirltes Ei, Nudelteig (Seite 43) oder 1 Päckchen fertiger Blätterteig oder 500 g Teigblätter,
zerlassenes Fett oder Butter und Ei zum Bepinseln

Hackfleisch und Zwiebeln im Fett anschmoren. Den Wermut zugießen. Sobald er verdunstet ist, Tomatenmark und Gewürze hinzufügen. 30 Minuten zugedeckt leise kochen lassen, bis die Flüssigkeit verdunstet ist. Nach Erkalten Käse, Eier, Petersilie, die Béchamelsoße und das Ei beigeben.
Den Teig ausrollen, erst in lange, 10 cm breite Streifen und dann in Quadrate schneiden und mit zerlassenem Fett bepinseln. Die Füllung eßlöffelweise daraufgeben und jeweils ein Teigquadrat zu einer kleinen, dreiekkigen Tasche einschlagen. Ränder fest andrücken. Diese Pastetchen auf ein mit Fett bepinseltes Blech legen, mit Ei bepinseln und ca. 20 Minuten bei mäßiger Hitze backen. Als Vorspeise oder zum Wein zu reichen.

Variationen für die Füllung
Schinkenfüllung: 3 Tassen dicke Béchamelsoße (Seite 29), 1 Tasse feingehackten, gekochten Schinken, 1 Tasse feingehackte Salami,
2–3 hartgekochte, feingehackte Eier miteinander vermischen.
Spinatfüllung: Wie im Rezept Spinat*pastete, Seite 77.*
Hirnfüllung: 2–3 Tassen Hirn, gewässert, enthäutet, gekocht und zerdrückt, 1½ Tassen geriebenen Parmesan, 2 Tassen dicke Béchamelsoße (Seite 29), ½ TL Paprika, 2–3 EL Paniermehl, 3 EL feingewiegte Petersilie miteinander vermischen.

Käsepastetchen

Fotos

Tiropitákia

Für 30–40 Stück
6 EL Mehl, 4 EL Pflanzenfett, ½ l Milch,
250 g zerdrückter Schafskäse,
150 g geriebener Schweizer Käse,
150 g geriebener Kasseri,
1 EL feingewiegte Petersilie,
¼ TL Muskatnuß,
4–5 verquirlte Eier, Nudelteig (Seite 43) oder 1 Päckchen fertiger Blätterteig oder 500 g Teigblätter,
1 Tasse zerlassene Butter oder Pflanzenfett,
Ei zum Bestreichen

Mehl im Fett anschwitzen, die heiße Milch zugießen. Unter ständigem Rühren auf leisem Feuer dick und glatt werden lassen. Den Käse, Petersilie und Muskatnuß hinzufügen. Abkühlen lassen. Die Eier dazugeben.
Den Teig ausrollen, erst in lange,

10 cm breite Streifen und dann in Quadrate schneiden und mit zerlassenem Fett bepinseln. Die Füllung eßlöffelweise daraufgeben und den Teig zu kleinen, dreieckigen Taschen einschlagen. Ränder fest andrücken. Auf ein mit Fett bepinseltes Blech legen, die Pastetchen mit Ei bepinseln und ca. 20 Minuten in mäßiger Hitze backen. Als Vorspeise oder zum Wein zu reichen.

Überbackene gefüllte Pfannkuchen
Kanelónia

Für 8 Personen
Für die Pfannkuchen: 6 Eier, ca. 250 g Mehl und so viel Milch, bis beim Verrühren ein dickflüssiger Teig entsteht, Salz und Pfeffer, Pflanzenfett
Für die Füllung: 1 feingeriebene Zwiebel, 2–3 EL Pflanzenfett, 1 kg gemischtes Hackfleisch, 2 Tassen süßer Wermut, 1–1½ EL in 1 Tasse Wasser aufgelöstes Tomatenmark, Salz, Pfeffer, 1 TL Zucker, 3–4 Nelken, ½ TL Muskatnuß, 150 g geriebener Schweizer Käse, ⅓ Tasse Paniermehl, 2 Eier, 1 Weinglas Weinbrand
Für die Soße: 1–2 EL Mehl, 2–3 EL Pflanzenfett, 2 Tassen Wermut oder Sherry, 1 Tasse heißes Wasser, 2–2½ EL in 2 Tassen Wasser aufgelöstes Tomatenmark, 1 Likörglas Weinbrand, 2 TL Zucker, 3–4 Nelken, ¼ TL Muskatnuß, Salz, Pfeffer, 100 g geriebener Schweizer Käse zum Bestreuen

Für den Pfannkuchenteig alle Zutaten gut verrühren. Eine kleine Stielpfanne mit etwas Fett ausreiben, mit 1 Eßlöffel Teig dünn bedecken, rasch goldbraun anbraten, Pfannkuchen wenden, ganz wenig Fett zugeben. Den fertigen Pfannkuchen auf einen Teller legen und auch die weiteren so backen (gibt ca. 23 hauchdünne Pfannkuchen).
Für die Füllung Zwiebel im Fett schmoren. Hackfleisch dazugeben, etwas weiterschmoren und Wermut zugießen. Dann Tomatenmark und Gewürze hinzufügen und alles 45–60 Minuten zugedeckt leise kochen lassen, bis die Flüssigkeit verdunstet ist. Käse und Paniermehl dazugeben und die Masse abkühlen lassen. Die verquirlten Eier untermischen und den Weinbrand zugießen.
Für die Soße Mehl in Fett andünsten, langsam Wermut zugießen und Wasser. Alle weiteren Zutaten (außer Käse) beifügen und die Sauce 40 Minuten leise kochen lassen.
1–1½ Eßlöffel Füllung auf jeden Pfannkuchen geben, einrollen, beide Enden abschneiden, damit die Rollen gerade aussehen. Diese in eine feuerfeste Form legen, mit der Soße übergießen und mit Käse überstreuen. 20–30 Minuten bei mäßiger Hitze im Ofen überbacken.

Makkaroniauflauf
Pastítsio me kimá

500 g Tomaten oder 2 EL in 2 Tassen Wasser aufgelöstes Tomatenmark, Salz, Zucker, 1 EL Pflanzenfett, 600 g gemischtes Hackfleisch, 1 feingeriebene Zwiebel, 2 feingewiegte Knoblauchzehen, 4 EL Pflanzenfett, Salz, Pfeffer, ¼ TL Muskatnuß oder Zimt, 1½ TL Origano, 3 Tassen geriebener Schweizer Käse, 1 Glas Weißwein, 2 verquirlte Eier, 1 EL Paniermehl, 500 g Makkaroni, 1 EL zerlassenes Fett, Käse und Paniermehl zum Bestreuen, Pflanzenfett

Die Tomaten passieren, mit wenig Wasser, Salz und Zucker zu einer Soße kochen, Pflanzenfett dazugeben.

Hackfleisch, Zwiebel und Knoblauch im Fett schmoren. Salz, Pfeffer, Muskat, Origano und 1 Tasse Käse hinzufügen. Sobald der Käse geschmolzen ist, die Hälfte der Tomatensoße und den Weißwein dazutun. 45 Minuten leise kochen lassen, bis die Flüssigkeit verdunstet ist, abkühlen. Die Eier und das Paniermehl dazugeben.
Die Makkaroni in Salzwasser gar kochen, abtropfen lassen, mit zerlassenem Fett und dem restlichen Käse vermengen. In einer mit Fett bepinselten länglichen, feuerfesten Schüssel die Hälfte der Makkaroni ausbreiten. Das Hackfleisch gleichmäßig darauf verteilen, Käse darüberstreuen, mit den restlichen Makkaroni zudecken und mit der restlichen Tomatensoße übergießen. Etwas geriebenen Käse und Paniermehl darüberstreuen und etwas Pflanzenfett in Flöckchen hinzugeben. Bei mäßiger Hitze 45 Minuten überbacken.

Variationen

▷ Statt Hackfleisch 125 g feingehackten, gekochten *Schinken,* 1 Dose feine Erbsen, 125 g in kleine Würfel geschnittenen Schweizer Käse *oder* in Scheiben geschnittene *Würstchen* unter die Makkaroni mischen und mit Béchamelsoße übergießen.

▷ *Nudelteig* (Seite 43) bereiten oder fertigen Blätterteig bzw. 500 g Teigblätter nehmen und die Hälfte ausgerollt auf den Boden der Form legen (mit zerlassenem Pflanzenfett bepinseln). Makkaroni, Hackfleisch und wieder Makkaroni darauf verteilen, mit der anderen Hälfte des Teiges bedecken und, mit Ei bestrichen, backen.

Soufflé

Soufflé

4 EL Pflanzenfett, 6 EL Mehl, ½ l Milch, Salz, Pfeffer, 6 Eier, 200 g geriebener Schweizer Käse

Das Fett zerlassen, Mehl hinzugeben, unter ständigem Rühren hellgelb schwitzen. Vom Feuer nehmen, heiße Milch langsam und unter ständigem Rühren zugießen. Auf das Feuer setzen und rühren, bis ein dicker, glatter Brei entsteht. Salz und Pfeffer dazugeben. Abkühlen lassen. Eigelb gut unterrühren. Käse hinzufügen. Das Eiweiß zu festem Schnee schlagen, die Hälfte davon mit ¾ des abgekühlten Breis und der beliebigen Zugabe (siehe unten) hinzufügen, in eine ausgefettete, mit Mehl überstreute, runde, feuerfeste Schüssel gießen. Das restliche geschlagene Eiweiß mit dem übrigen Brei zusammenrühren und darübergeben. Die Schüssel darf nur ¾ voll sein. Bei mäßiger Hitze etwa 60 Minuten im Backofen überbacken. Sofort servieren.

Verschiedene Soufflés

Käse-, Schinken-, Erbsensoufflé: 100 g Parmesan oder 125 g kleingeschnittenen gekochten Schinken, 1 kleine Dose Erbsen (gut abtropfen) zugeben.
Fleisch- oder Hühnersoufflé: 2 Tassen durch den Wolf gedrehte Fleisch- oder Huhnreste mit 1 EL feingewiegter Petersilie zugeben.
Spinatsoufflé: 1½ kg gekochten, gut abgetropften und feingehackten Spinat, 1 feingeriebene Zwiebel,

3 EL feingehackten Dill, alles in etwas Fett gedünstet, untermischen und zur Soufflémasse geben.
Hirnsoufflé: 6 enthäutete, zerdrückte Hirne und 1 Tasse geriebenen Parmesan zugeben.
Lebersoufflé: 6 Scheiben Leber, roh durch den Wolf gedreht, zugeben.
Artischockensoufflé: Vorbereitung der Artischockenböden Seite 79. Gekocht und sehr fein geschnitten zugeben.
Auberginensoufflé: 2 Tassen im Ofen gebackene, dann abgezogene und zu einem glatten Brei zerstoßene Auberginen zugeben.
Fisch-, Hummer- oder Krabbensoufflé: 2½ Tassen gekochtes, feingeschnittenes Fisch-, Hummer- oder Krabbenfleisch, 1 zerdrückte Knoblauchzehe und 2–3 feingeschnittene Essiggurken zugeben.

Gratinierter Blumenkohl
Kounoupídi au gratin

1–1½ kg Blumenkohl, Béchamelsoße (aus 4 EL Mehl, 4 EL Pflanzenfett, 500 ml Milch, 2 ganzen Eiern, Seite 29), 250 g geriebener Kefalotyri- und Schweizer Käse (150 g davon der Béchamelsoße beimischen)

Den Blumenkohl säubern, in Röschen zerlegen, in Salzwasser weich kochen, abtropfen lassen und mit der Gabel zerdrücken. Die Hälfte der Béchamelsoße mit dem Blumenkohl vermischen, in eine feuerfeste Form geben, den restlichen Käse darüberstreuen. Mit der restlichen Soße überdecken und 45 Minuten bei 200 °C backen.

Lauch und Sellerie
Selinóprasso

1 kg Lauch, 250 g Möhren,
750 g Sellerieknolle,
8–10 Zwiebelchen (Schalotten),
1 Tasse Öl, Saft von 2 Zitronen,
8–10 getrocknete Pflaumen, Salz,
Pfeffer

Den Lauch säubern (nur das Weiße davon verwenden!), in Stückchen von 5 cm schneiden, gut waschen. Möhren schälen und reiben, Sellerie säubern und klein schneiden, die Zwiebelchen säubern, aber ganz lassen. In einem Topf das Öl erhitzen und die Gemüse hinzufügen, schmoren lassen. Mit dem Zitronensaft übergießen. Etwas Wasser zugeben, 1½ Stunden leise kochen lassen. 10 Minuten vor Ende der Kochzeit die gewaschenen Pflaumen hinzugeben, mit Salz und Pfeffer abschmecken. Servieren.

Gefüllte Kohlblätter
Foto
Lachanodolmádes

1½ kg Weißkohl oder
2–3 Köpfe grüner Salat,
600 g gemischtes Hackfleisch,
3–4 EL roher Reis,
3 EL feingewiegte Petersilie,
1 TL Krauseminze,
½ TL Paprika, Salz,
Pfeffer, 1 grüne, in Streifen geschnittene, gewaschene Paprikaschote,
3 EL Pflanzenfett,
3 Tassen heißes Wasser,
Eier- und Zitronen-Soße (Seite 31)

Die äußeren Kohlbätter entfernen und den Weißkohl in siedendem Salzwasser 5 Minuten zugedeckt kochen lassen. Abkühlen. Die Blätter auseinandernehmen, jedes Blatt halbieren und von den gröbsten Rippen befreien. Hackfleisch mit Reis, Petersilie, Krauseminze, Paprika, Salz, Pfeffer gut mischen. Auf jedes Blatt löffelweise die Mischung legen und zu Rouladen rollen. Auf den Boden des Topfes zuerst einige lose Blätter legen, darauf die Rouladen dicht aneinanderreihen, die Paprikastreifen darüberlegen. Die erste Schicht mit losen Blättern von der zweiten trennen. Fett, etwas Salz und Pfeffer sowie Wasser dazugeben, mit einem Teller beschweren und ca. 1 Stunde leise schmoren lassen. Wenn nötig, noch etwas heißes Wasser zugießen. Vom Feuer nehmen und mit Eier- und Zitronen-Soße übergießen.

Die Rouladen servieren, dabei die losen Weißkohlblätter weglassen. Wenn Kopfsalatblätter verwendet werden, diese voneinander trennen, gut waschen und blanchieren. Weiter verfahren wie beschrieben.

Variation für die Füllung
2 Tassen feingeriebene Zwiebeln in 2 Tassen Öl anbräunen. 3 Tassen rohen Reis, ½ Tasse Pinienkerne, 1 Tasse Korinthen, ½ TL zerriebene Krauseminze, 1 Bündel Dill, 1 Bündel Petersilie, beide fein gewiegt, Salz und Pfeffer zufügen, schmoren lassen, 1½ Tassen Wasser zugeben, leise kochen lassen, bis die Flüssigkeit verkocht ist, vom Feuer nehmen. Die Rouladen wie vorhergehend vorbereiten, 6 Tassen heißes Wasser zugießen und die Rouladen darin kochen, bis kaum Soße bleibt. Kalt servieren.

Reis
Rísi piláfi

Es gibt zwei Grundzubereitungen für Reis, der körnig bleiben muß.

Grundregel
Nie den Reis rühren, solange er im Wasser kocht.

5 Tassen Wasser oder Fleisch- bzw. Hühnerbrühe, Salz, Pfeffer, ½ Tasse Pflanzenfett, 2½ Tassen Langkornreis

Grundzubereitung 1: Wasser oder Brühe mit Salz, Pfeffer und Fett zum Kochen bringen. Den Reis dazutun, einmal umrühren, zudecken und ganz leise 20–30 Minuten kochen lassen, bis die Flüssigkeit aufgesaugt ist. Vom Feuer nehmen, mit einem Tuch zudekken und 5 Minuten stehen lassen, servieren.
Grundzubereitung 2: Reis mit Fett unter ständigem Rühren leicht andünsten. Das kochende Wasser oder die Brühe zugießen, einmal umrühren, zudecken und wie oben fortfahren.

Reis mit Leber
Rísi me Sikotákia

½ Tasse feingeriebene Zwiebeln, 5 EL Pflanzenfett, 1½ EL Mehl, 1 Tasse Weißwein, 3 Tassen Wasser, 2 Tassen passierte Tomaten oder 1 EL in heißem Wasser aufgelöstes Tomatenmark, Salz, Pfeffer, 1 TL Zucker, ½ EL Origano, 500 g Lamm-, Kalbs- oder Schweineleber oder Hühnerinnereien, 1 Rezept Reis

Die Zwiebeln in 4 Eßlöffeln Fett schmoren. Mehl unterrühren, Weißwein und Wasser langsam zugießen, alle anderen Zutaten (außer Leber und Reis) hinzufügen, ¾ Stunde leise kochen lassen. Die Leber im restlichen heißen Fett anbraten und in kleine Würfel schneiden, zur Soße geben. Einige Minuten mitkochen lassen und den Reis damit garnieren.
Oder: Die Hühnerinnereien kurz in Fett schmoren lassen und Salz, Pfeffer, Origano und Weißwein zugeben, einige Minuten dünsten lassen. Hier keine Tomaten verwenden!

Reis mit Erbsen und gekochtem Schinken
Rísi me araká ke Sambón

1 Rezept Reis (links), 1 Dose feine Erbsen, 125 g gekochter, in Würfel geschnittener Schinken, Tomatensoße (Seite 30), geriebener Schweizer Käse

Reis kochen, in eine gefettete Ringform füllen, diese stürzen. In das Loch die erwärmten Erbsen, vermischt mit den Schinkenwürfeln, geben. Mit Tomatensoße übergießen und mit geriebenem Käse bestreuen.

Weiße Bohnen mit Gemüse
Fassólia áspra plakí

600 g weiße Bohnen, 2–3 ganze Zwiebeln, 3–4 Möhren, 1 Stück Sellerieknolle, grüne oder schwarze Oliven nach Geschmack, ½ TL zerriebene Krauseminze

Für die Soße: 250 g feingeriebene Zwiebeln, 4–5 EL feingewiegte Petersilie, 2–3 feingeschnittene Paprikaschoten, 4 feingewiegte Knoblauchzehen, 2 Tassen Öl, 750 g abgezogene, feingeschnittene Tomaten oder 1 kleine Dose in Wasser aufgelöstes Tomatenmark, 1 TL Zucker, Salz, 1 TL Paprika, Pfeffer

Die Bohnen waschen und in kaltem Wasser über Nacht stehen lassen. In frischem, ungesalzenem Wasser mit den ganzen Zwiebeln, Möhren und Sellerieknolle fast weich kochen. Inzwischen für die Soße Zwiebeln, Petersilie, Paprikaschoten und Knoblauch in Öl schmoren. Tomaten, Zukker, Salz, Paprika und Pfeffer hinzufügen, weiterschmoren.
Die Bohnen abtropfen lassen, ganze Zwiebeln, Möhren und Sellerieknolle entfernen. Die Oliven mit etwas kochendem Wasser abbrühen. Bohnen, Oliven und Krauseminze in die Soße geben. Leise im Topf oder einer feuerfesten Schüssel im Backofen 30 Minuten ziehen lassen. Kalt servieren.

Weiße-Bohnen-Salat Foto
Fassólia saláta

600 g über Nacht eingeweichte, in ungesalzenem Wasser weichgekochte weiße Bohnen, 2 EL feingeriebene Zwiebeln, 2 EL feingewiegte Petersilie, 2 feingeschnittene Paprikaschoten, 1 Handvoll entkernte Oliven, 1 TL Origano

Alles gut vermischen. Mit Öl- und Essig-Soße (Seite 29) als Vorspeise anrichten.

Bauern-Kartoffelsalat
Choriátiki saláta patátes

1½ kg Kartoffeln, 2 Tomaten,
200 g Schafskäse, 2 hartgekochte Eier,
1 Dose Sardellen, entkernte Oliven,
Öl- und Essig-Soße (Seite 29)

Die Kartoffeln kochen und in dicke Scheiben schneiden. Die Tomaten ebenfalls in Scheiben schneiden. Schafskäse, Eier und Sardellen fein schneiden, Oliven halbieren. Mit Öl- und Essig-Soße übergießen und behutsam mischen.

Gemüsesuppe
Chortósoupa kréma

2 Tassen gekochtes und im Mixer püriertes Gemüse (3–4 Möhren, 3 Kartoffeln, je 1 grüne und rote Paprikaschote, 500 g Spinat, 3 Zucchini, 250 g Erbsen, 1 kleine Sellerieknolle, 500 g Blumenkohl, 250 g Lauch, 3 Tomaten),
3 Lorbeerblätter, Pfefferkörner, Salz,
4 gestrichene EL Pflanzenfett,
2 gestrichene EL feingeschnittene bzw. geriebene Zwiebeln,
3 gestrichene EL Mehl, Pfeffer,
2 Tassen Milch, 3 Tassen Fleischbrühe

Das Gemüse mit den Lorbeerblättern und den Pfefferkörnern in Salzwasser kochen, bis es ganz weich ist und kaum noch Wasser übrig bleibt. Dann mit dem Mixer pürieren und beiseite stellen.
In dem Pflanzenfett die Zwiebeln in einem Topf weich und rosig werden lassen, das in etwas Wasser gelöste Mehl, Salz und Pfeffer hinzufügen. Wenn das Mehl glatt gerührt ist, langsam die Milch und die Brühe hinzufügen und zum Kochen kommen lassen. Das pürierte Gemüse hinzufügen. Langsam alles zusammenkochen lassen, wenn nötig, etwas Wasser beifügen. Mit Croûtons servieren (in Pflanzenfett geröstete Weißbrotwürfelchen).

Bohnensuppe
Fassoláda

600 g weiße Bohnen,
2 Tassen Öl,
4 feingeriebene Zwiebeln,
2–3 feingehackte Knoblauchzehen,
2–3 feingeschnittene Möhren,
4 EL feingeschnittene Sellerieblätter,
3–4 EL in Wasser aufgelöstes Tomatenmark, Pfeffer,
1 TL Paprika,
1–1½ TL Zucker,
2 EL Petersilie, Salz

Die Bohnen waschen, über Nacht in kaltem Wasser stehen lassen. Abtropfen lassen. In kaltem, ungesalzenem Wasser (das Wasser muß zwei Finger breit über den Bohnen stehen) leise halbweich kochen. Heißes Wasser nach Belieben und alle Zutaten (außer Salz) hinzugeben, (ca. 30 Minuten köcheln lassen, bis Bohnen und Gemüse weich sind. Salz hinzufügen und 10 Minuten sacht weiterkochen. Mit geräucherten Heringen, die mit Öl und Zitrone übergossen sind, servieren.

»Fleisch«-Suppe mit Eier- und Zitronen-Soße

Kreatósoupa me avgolémono

1 kleingeschnittene bzw. geriebene Zwiebel, 4–5 kleingeschnittene Sellerieblätter, je 1 grüne und rote, kleingeschnittene Paprikaschote, 1 gesäuberte kleingewürfelte Möhre, 1 Stange Lauch (nur das feingeschnittene Weiße, gut gewaschen), 3 EL Pflanzenfett, 2–3 geschälte, gewürfelte Kartoffeln, 2 abgeschabte, gewürfelte Zucchini, 2 enthäutete Tomaten, Salz, 2–3 Lorbeerblätter, Pfefferkörner, 6–8 Tassen Fleischbrühe, 2 EL Tapioca (aus dem Reformhaus), Eier- und Zitronen-Soße (Seite 31)

Zwiebel, Sellerieblätter, die Paprikaschoten, Möhren und Lauch in dem Pflanzenfett schmoren. Dann mit den Kartoffeln, Zucchini, Tomaten, Salz, Lorbeerblättern, Pfefferkörnern und der Fleischbrühe gut kochen lassen. Die Suppe durch ein Sieb passieren oder im Mixer pürieren. Wieder zum Kochen bringen, Tapioca hinzufügen. Wenn nötig, noch heißes Wasser zugießen. Kochen lassen. Eier- und Zitronen-Soße vorsichtig der nicht mehr kochenden Suppe hinzufügen.

Fischsuppe mit Eier- und Zitronen-Soße

Psarósoupa me avgolémono

2–3 Möhren, 3 Stengel Sellerieblätter, 2–3 Zwiebeln, 3–4 Kartoffeln, 2 Tomaten, 1 TL Salz, Pfefferkörner, 1 Lorbeerblatt, 2 Nelken, 2 l Wasser, 1½ kg großer Fisch, 1 Tasse Öl, 6 EL Reis, Eier- und Zitronensoße (Seite 31), feingehackte Petersilie

Die Gemüse waschen, fein schneiden, mit Salz, Pfefferkörnern, Lorbeerblatt und Nelken in kaltem Wasser aufsetzen und 30–40 Minuten kochen. Den Fisch säubern, waschen, entgräten, in Portionen schneiden. Mit dem Öl in das Gemüse geben, 20 Minuten leise ziehen lassen. Fisch herausnehmen, Gemüsebrühe durch ein Sieb drükken, nochmals zum Kochen bringen. Reis hinzufügen, leise 20 Minuten kochen. Fisch wieder dazugeben und alles nochmals 10 Minuten sacht kochen. Vom Feuer nehmen. Mit Eier- und Zitronen-Soße übergießen und Petersilie darüberstreuen.

Gebackene Krabben

Tiganités garídes

1 kg rohe Krabben, Saft von 2 Zitronen, Salz, Pfeffer, 2 Eier, Paniermehl, Öl zum Ausbacken

Die Krabben waschen, schälen, mit Zitronensaft überträufeln, salzen und pfeffern. 15 Minuten stehen lassen. Die Eier schlagen. Die Krabben erst gut waschen, dann hineintauchen, in Paniermehl wälzen und in heißem Öl schwimmend 3–4 Minuten ausbakken. Einige Minuten auf Küchenkrepp legen und heiß als Vorspeise servieren.

Krabben in Soße
Garídes me piláfi

Für den Sud: 7–8 Tassen Salzwasser (1 TL Salz), 1 Glas Weißwein, 2–3 Selleriestengel, 2 ganze, geschälte Zwiebeln, Pfefferkörner, ½ Zitrone

1 kg gewaschene Krabben, 2 feingeriebene Zwiebeln, 2–3 feingewiegte Möhren, 2 EL feingewiegte Sellerieknolle, 1 EL feingewiegte Petersilie, 1 Tasse Öl, 1 Tasse Weißwein, 2 Tassen geschälte, zerkleinerte Tomaten oder 1½ EL in 1 Tasse Wasser aufgelöstes Tomatenmark, Salz, Pfeffer, 1 TL Zucker, 2–3 Nelken, 1 Prise Zimt, 1–2 EL Mehl, 1 Weinglas Sherry oder Mavrodaphni-Wein

Für den Sud das Salzwasser mit Weißwein, Sellerie, Zwiebel und Pfefferkörnern 25 Minuten kochen. 3 Scheiben Zitrone dazugeben, nochmals kurz kochen, durchsieben, wieder zum Kochen bringen.
Die Krabben in den Sud geben, sie müssen bedeckt sein, sonst noch Wasser zufügen. 15 Minuten sieden lassen. Brühe aufheben, Krabben schälen. Köpfe und Beine gut zerstoßen. Zwiebeln, Möhren, Sellerie und Petersilie im Öl schmoren. Den Weißwein zugießen. Die Tomaten, Salz, Pfeffer, Zucker, Nelken und Zimt hinzugeben, ½ Stunde leise sieden lassen. Die zerstoßenen Köpfe dazugeben, 5 Minuten mitkochen. Die Soße durch ein feines Sieb passieren, mit dem Mehl binden, Sherry oder Mavrodaphni hinzufügen. Die Krabben in die Soße legen und 10 Minuten leise kochen lassen.
Mit Reis (Seite 50), in der passierten Krabbenbrühe gekocht, servieren (es müssen auf 3 Tassen Reis mindestens 6 Tassen Brühe sein; evtl. mit Wasser ergänzen).

Kalamáre in Weinsoße
Kalamarákia krassáta

1½ kg Kalamáre, Salz, 1 Tasse Öl, 1½ Weinglas Weißwein, 500 g geschälte und kleingeschnittene Tomaten oder 1½ EL in einer Tasse Wasser aufgelöstes Tomatenmark, feingewiegte Petersilie, Pfeffer, Salz, 1 TL Zucker, 1 Prise Thymian

Aus den Kalamáren den Zahn (zwischen den Augen) herausnehmen, Augen und Tinte entfernen. Unter den Beinen (Saugarmen) findet man, wenn man sie ausbreitet, eine kleine schwarze Blase mit der Tinte, die vorsichtig entfernt werden muß. Man zwickt sie sacht heraus, indem man sie von oben mit den Fingernägeln ergreift und nach unten zieht. Sie darf nicht zerreißen. Sollte dies aber doch passieren, dann mit reichlich kaltem Wasser gut waschen, mit einer Handvoll Salz abreiben und nochmals waschen. Abtropfen lassen. Kopf und Saugarme in den Leib hineinstecken. In Öl kurz anbraten, den Wein zugießen. Die Tomaten, Petersilie, Pfeffer, Salz, Zucker, Thymian beifügen und alles 30 Minuten leise sieden lassen.

Krabbenauflauf

Garídes jouwétsi

1½ kg gewaschene Krabben,
2 EL Pflanzenfett,
2 feingeriebene Zwiebeln,
2 Tassen Weißwein,
750 g geschälte, zerkleinerte Tomaten oder 2½ EL in etwas Wasser aufgelöstes Tomatenmark,
1 feingewiegte Knoblauchzehe,
1 feingeschnittene Paprikaschote,
2 EL feingewiegte Petersilie,
1 Prise Thymian,
Salz, Pfeffer,
1 gestrichener TL Paprika,
1½ TL Zucker,
1 Likörglas Sherry,
2 EL frische Butter,
250–300 g Schafskäse

Die Krabben im Sud kochen (Seite 54). Die Brühe aufheben, die Krabben schälen und stehen lassen.
Die Zwiebeln im Fett leicht bräunen, Weißwein zugießen und kurz schmoren. Tomaten, Knoblauch, Paprikaschote, Petersilie, Thymian, Salz, Pfeffer, Paprika, Zucker und 1½ Tassen von der passierten Krabbenbrühe dazugeben, zudecken, 1–1½ Stunden leise sieden lassen. Wenn notwendig, Brühe nachgießen. Vom Feuer nehmen, Sherry und Butter beifügen. In eine feuerfeste Schüssel immer abwechselnd eine Schicht Soße, eine Schicht Krabben und eine Schicht zerdrückten Schafskäse schichten, bis die Zutaten alle sind. Im Ofen ½ Stunde bei mäßiger Hitze leise schmoren lassen. Mit Reis (Seite 50), in der Krabbenbrühe gekocht, servieren.

Gekochter Hummer

Astakós vrastós me majionésa

1 Hummer

Für den Sud: Salzwasser,
2 Möhren,
1 Zwiebel,
1 Stange Lauch,
1 Lorbeerblatt,
1 Bündel Petersilie,
etwas Sellerieknolle,
Saft von 1 Zitrone,
1 Weinglas Weißwein,
Pfefferkörner

Für den Sud in einem größeren Topf genügend Wasser mit allen Zutaten 20 Minuten kochen.
Den lebenden Hummer (Schwanz auf den Leib binden) mit dem Kopf voraus in den kochenden Sud einlegen. Zudecken, 15 Minuten auf starkem Feuer und weitere 10 Minuten auf kleiner Flamme kochen (für je 500 g 20 bis 25 Minuten, nicht länger, sonst wird das Fleisch hart). Sud abkühlen lassen, Hummer herausnehmen. Die Scheren entfernen, mit dem Nußknacker die Schale aufbrechen und das Fleisch herausnehmen. Mit scharfem Messer die Haut, die Leib und Kopf verbindet, abschneiden, Kopf und Schwanz abtrennen. Den Rumpf der Länge nach aufschneiden und das Fleisch im ganzen herauslösen. Die dunkle Ader mit scharfem Messer entfernen. Das Fleisch aus dem Kopf herausnehmen. Den Rumpf in runde Scheiben schneiden. Man serviert den Hummer mit Öl- und Zitronen-Soße oder mit Mayonnaise (Seite 29).

Neujahrskuchen
Vassilópita

50 g Hefe, 320 ml Milch (knapp 1½ Tassen),
1,3 kg Mehl,
240 g Pflanzenfett, 5 Eier,
320 g Zucker,
2 TL Anis (einige Minuten in etwas Milch kochen und passieren, Körner nicht verwenden),
1 TL im Mörser zu sehr feinem Pulver zerstoßener Mastix,
½ TL Salz, Ei zum Bestreichen,
geschälte Mandeln,
Sesam

Die Hefe in etwas lauwarmer Milch auflösen. 1½ Tassen von dem Mehl hinzufügen und daraus einen kleinen Teig anrühren. Warm stellen und 30 Minuten gehen lassen. Das gesiebte Mehl in einer Schüssel zu einem Kranz auseinanderschieben. Das zerlassene Fett, die verquirlten Eier, die lauwarme Milch, Zucker, Anis-Milch, Mastix, Salz und die aufgegangene Hefe in die Mitte des Mehles geben. Alles sehr gut verkneten, schlagen und so lange weiterkneten, bis Luftblasen entstehen. In einer bemehlten Schüssel den Teig zugedeckt 5–6 Stunden aufgehen lassen, etwas nachkneten. In eine runde, gebutterte Springform füllen, mit Ei bepinseln, mit Mandeln in Kreuzform garnieren und reichlich mit Sesam bestreuen. Noch einmal gehen lassen. In mäßiger Hitze goldbraun backen. Die Zutaten ergeben 2–3 Kuchen. Sie dürfen nicht höher als 6 cm werden, deshalb nur 1½ Finger breit Teig in die Form füllen.

Variation

Osterbrot (Tsouréki): Wird nach dem gleichen Rezept, aber mit 8 Eiern hergestellt. Es wird nicht in der Springform flach und rund geformt, sondern zu einem zopfförmigen Brot, auf dessen Mitte man vor dem Backen ein hartgekochtes, rotes Osterei setzt.

Liebesschleifen
Foto

Díples

4 Eier, 4 EL Puderzucker,
3 EL Pflanzenfett,
1 EL Weinbrand,
Saft von 3 Orangen,
2 Tassen Mehl,
1 TL Backpulver,
1 Prise Salz,
Öl zum Ausbacken,
Puderzucker oder
1½ Tassen Honig, in 1½ Tassen Wasser 5 Minuten gekocht, Zimt,
feingehackte Walnüsse

Eier (besser nur die Eigelb) mit Puderzucker und Fett kräftig schlagen. Weinbrand, Orangensaft, gesiebtes Mehl, Backpulver, Salz und so viel Wasser hinzufügen, daß es einen festen Teig ergibt. Gut kneten und 1 Stunde stehen lassen. Dünn ausrollen und in 2 cm breite, handlange Streifen schneiden. Schleifen oder Knoten formen. Oder einen Schnitt in der Mitte des Bandes machen und ein Ende hindurchziehen. In heißem Öl schwimmend backen. Mit Puderzucker bestäuben oder mit Honigwasser begießen. Zimt und Nüsse darüberstreuen.

Nußkuchen
Karidópita

½ Tasse Pflanzenfett,
8 Eier,
1½ Tassen Zucker,
2 TL Zimt,
2 Päckchen Vanillinzucker,
3 Tassen Mehl,
2 TL Backpulver,
3 Tassen feingehackte Walnüsse,
1 Prise Salz,
1 Tasse grobgehackte Walnüsse,
Puderzucker
Für den Sirup: 1½ Tassen Zucker,
2 Tassen Wasser,
etwas abgeschälte Zitronenschale,
Zimtstange,
1–2 Schnapsgläschen Weinbrand

Fett und Eigelb weich rühren. Langsam Zucker, Zimt und Vanillinzucker dazugeben, kräftig schaumig schlagen. Gesiebtes Mehl und Backpulver hinzugeben und alles gut verrühren.
3 Tassen Nüsse hinzufügen. Eiweiß mit einer Prise Salz zu festem Schnee schlagen und unterrühren. Die Masse in eine gebutterte und mit Paniermehl überstreute Springform geben, die grobgehackten Nüsse darüberstreuen und bei mäßiger Hitze 45–50 Minuten backen.
Für den Sirup Zucker, Wasser, Zitronenschale und Zimtstange 8–10 Minuten miteinander kochen, zuletzt den Weinbrand hinzufügen. Zitronenschale und Zimtstange wieder entfernen und den Sirup siedend über den lauwarmen Kuchen gießen. Mit Puderzucker bestreuen.

Mürbeteiggebäck
Kourabiédes

600 g Pflanzenfett, 70 g feiner Zucker, 1 Päckchen Vanillinzucker, 1 Eigelb, 1,3 kg Mehl, 320 g geschälte, feingehackte und geröstete Mandeln, 1 TL Weinbrand, ½ TL im Mörser zu Puder zerstoßener Mastix, Nelken, Rosenwasser, 640 g Puderzucker

Fett, feiner Zucker, Vanillinzucker und Eigelb kräftig schaumig rühren. Langsam gesiebtes Mehl und Mandeln, Weinbrand und Mastix dazugeben, der Teig muß weich sein und sich von der Schüssel lösen. Hörnchen oder flache Bällchen oder kleine Birnen formen. Eine Nelke in die Mitte stecken. Ofen vorheizen, bei mäßiger Hitze ca. 20 Minuten backen. Lauwarm mit Rosenwasser bespritzen und mit Puderzucker reichlich bestäuben.
Am nächsten Tag vom Blech nehmen. Bevor man das Gebäck auf eine Platte legt, diese mit einer dicken Schicht Puderzucker bedecken.

Krapfen
Svíngi

Für ca. 60 Stück
3 Tassen Wasser, 1 Tasse Pflanzenfett,
1 TL Salz, Zitronenschale,
3 Tassen Mehl, 8 Eier,
Pflanzenfett oder Öl zum Ausbacken,
Puderzucker und Zimt
Für den Sirup: 1½ Tassen Zucker,
½ Tasse Honig, 1 Tasse Wasser,
1 Zimtstange, 2–3 Nelken,
1 Mokkatasse Weinbrand

Wasser, Fett, Salz und etwas abgeschälte Zitronenschale 2–3mal aufkochen lassen. Zitronenschale entfernen. Topf vom Feuer nehmen und auf einmal das ganze Mehl hinzugeben, schnell mit dem Kochlöffel rühren, bis alles eine glatte Masse wird. Wieder auf das Feuer setzen, ständig rühren, bis der Teig elastisch wird und sich leicht vom Topfrand ablöst. Vom Feuer nehmen, abkühlen lassen. Die Eier nacheinander dazugeben, Teig mit der Hand leicht kneten. So viel Öl oder Fett in einem tiefen Topf erhitzen, daß die Krapfen darin schwimmen und aufgehen können. Mit einem jeweils in Wasser getauchten Löffel Stücke vom Teig abstechen und in das Fett geben (4–5 auf einmal). Erst auf leisem, dann auf stärkerem Feuer ausbacken, bis die Krapfen goldgelb sind. Mit dem Schaumlöffel herausnehmen und zunächst auf Küchenkrepp legen. Mit Puderzucker und Zimt bestäuben und mit dem Sirup begießen oder diesen extra dazu servieren.
Für den Sirup sämtliche Zutaten (außer Weinbrand) 8–10 Minuten kochen. Die Gewürze entfernen und den Weinbrand hinzufügen.

Kandierte Orangenschalen
Floúdes portokalioú

Orangen, Wasser, Mandeln, Zucker
Für den Sirup: Je Orange 1 Tasse Zucker, 1 Tasse Wasser

Die Orangen waschen, die Schale in Streifen abziehen und in 1–1½ cm breite Streifen schneiden. In Wasser, so daß sie gerade bedeckt sind, fast weich kochen. Dann auf einer Serviette ausbreiten.
Den Sirup vorbereiten, 3 Minuten kochen lassen. Die Orangenstreifen hinzufügen und ziemlich lange weiterkochen lassen, so daß sich nach dem Abkühlen eine feine Zuckerschicht darauf bildet. In einem Sieb abtropfen lassen und auf eine Platte zum Trocknen legen. Die Mandeln aufkochen, die braune Schale entfernen, in einer Pfanne rösten und grob zerhacken. Die Orangenschalen in einer Mischung aus Zucker und den zerstoßenen Mandeln wälzen.

Orangenkonfitüre
Portokáli glikó

4–5 große Orangen mit dicker Schale, 1,3 kg Zucker, Saft von 1 Zitrone

Die Orangen sehr dünn schälen (nur die gelbe, äußerste Haut) und ganz weich kochen. Die Orangen der Länge nach in vier Teile schneiden, jedes Viertel dann waagerecht in 2–3 Stükke, entkernen, über Nacht auf ein Tuch legen, damit möglichst viel Feuchtigkeit abgezogen wird (dadurch wird verhindert, daß der bittere Saft der Schale in die Konfitüre gerät). Am nächsten Tag Zucker mit 2 Gläsern Wasser 10–15 Minuten kochen, abschäumen. Orangen hinzufügen, sehr vorsichtig ab und zu rühren. Zitronensaft dazugeben und kochen, bis der Sirup, auf den Rand eines Tellers getropft, fest bleibt.

Orangencreme

Foto

Kréma portokáli

Für 7–8 Personen

Saft von 5 Orangen, 8–10 Blätter Gelatine, 400 g Zucker, 650 g Joghurt, 300 g Äpfel, 2 große Orangen, 2 Bananen, Schlagsahne

Einen Teil des Orangensaftes erhitzen und die kalt eingeweichte Gelatine darin auflösen. Restlichen Orangensaft, Zucker und Joghurt hinzufügen, vom Feuer nehmen und rühren, bis alles gut aufgelöst ist. Durch ein feines Sieb passieren. Äpfel, Orangen, Bananen schälen und klein schneiden. Alles gut mischen, in eine kalt ausgespülte Form gießen und im Kühlschrank 10–12 Stunden stehen lassen. Dann stürzen und beliebig mit Schlagsahne garnieren.

Kastanienpüree
Kástana mont-blanc

1½ kg Kastanien, etwas Salz,
1 Vanillestange,
¾ Tasse süße Dosenmilch,
1 EL frische Butter,
etwas Maraschino oder Cointreau,
350 g geschlagene Sahne

In Salzwasser die auf einer Seite eingeschnittenen Kastanien halbweich kochen (ca. 30 Minuten, je nach Sorte). Beide Schalen entfernen und die Kastanien in Wasser mit der Vanillestange weich kochen. Abtropfen lassen. Zweimal durch den Fleischwolf drehen. Dosenmilch, Butter und Maraschino gut unterrühren. Mit der Teigspritze die glatte Masse auf einer Platte zum Kranz formen. In die Mitte die nach Belieben gesüßte Sahne geben.

Quittenkonfitüre
Kidóni glikó

1 kg Quitten,
2 Tassen Wasser,
1,3 kg Zucker, Vanillinzucker,
Saft von ½ Zitrone

Die Quitten schälen und grob reiben. Im zugedeckten Topf in dem Wasser fast weich kochen. Zucker, Vanillinzucker und Zitronensaft hinzufügen, evtl. abschäumen, unter sachtem Rühren weiterkochen. Die Konfitüre ist fertig, wenn ein Tropfen, auf den Rand eines Teller getropft, fest bleibt und nicht mehr zerfließt.

Quittenpaste
Kidonópasto

1 kg Quittenmark,
1 kg feiner Zucker,
125 g Mandeln,
1½ Päckchen Vanillinzucker,
etwas Weinbrand,
etwas Kristallzucker,
Lorbeerblätter

So viele Quitten waschen, abtrocknen und im Ofen braten, wie für 1 kg Mark gebraucht werden (ca. 2 kg). Die Kerne und das harte Herz entfernen, nicht die Schale. Durch die feine Scheibe des Fleischwolfs drehen. Das Mark nach Tassen messen. Auf jede Tasse Quittenpüree 1 Tasse Zucker geben und zusammen unter ständigem Rühren kochen, bis die Paste sich vom Rand des Topfes löst. Zum Schluß die geschälten, gerösteten grobgehackten Mandeln sowie Vanillinzucker dazutun.
Das Püree auf ein mit bebuttertem Pergamentpapier ausgelegtes Blech geben und mit den in Weinbrand getauchten Handtellern gleichmäßig 2–3 cm dick ausbreiten. Mit abgezogenen, halbierten Mandeln garnieren, 3–4 Tage stehen lassen. Ein Pergamentpapier mit Kristallzucker bestäuben, die Paste darauf umkippen, nochmals mit Kristallzucker bestreuen, beliebig schneiden und immer abwechselnd eine Schicht Quittenpaste und Lorbeerblätter in einer Blechbüchse aufschichten.

(Fast) Alles über Schaf und Ziege

Eines hat Griechenland mit der Bibel gemein: In beiden ist unter allen Tieren – vom Hühnervolk abgesehen – das Schaf am häufigsten vertreten. In der Bibel mehr als 400mal – Hellas zählt (1971) 8,37 Millionen Stück, doppelt so viele wie Ziegen (4,47 Millionen), fast ebenso viele wie Menschen (9,3 Millionen). Auf einen Griechen kommt also ungefähr ein Schaf. Diese Relation, versteht sich, erschöpft sich im Quantitativen.

Vor wenigen Jahrzehnten noch lieferte das Schaf der griechischen Tafel nahezu das einzige Fleisch. Der Invasion der Touristenhorden ist es nicht mehr gewachsen. Daher denn nun Rindvieh in Massen aus den Balkanländern importiert wird – die mageren Weiden des bergigen Landes lassen seine Aufzucht nicht im hinreichenden Maß zu; das neue Angebot fand bald auch das Placet des einheimischen Appetits.

Der Wandel dürfte auch geschmacklich bedingt sein, mit der häufigen Aversion der ausländischen Gäste gegen Schaf und Hammel (das kastrierte männliche Tier) – ein Vorurteil der mangelnden Erfahrung. Denn ihr Fleisch schmeckt keineswegs so penetrant »geil«, wie es der nördliche Gaumen unterstellt – bringt der Grieche sie doch in der Regel vor der Geschlechtsreife (bis acht Monate nach der Geburt) auf den Tisch. Am zartesten und delikatesten munden sie zwei bis drei Monate nach ihrer Entwöhnung vom Muttertier, nachdem sie sich schon einige Zeit von Grünzeug genährt haben; das gilt vor allem vom männlichen Tier, das weibliche ist auch im gereifteren Alter noch genießbar. Schließlich sollten humanistisch gebildete Gourmets den olympischen Göttern vertrauen: Zeus, Aphrodite, Hermes, auch Pan und die Nymphen bevorzugten in ihren Kulten das Schaf als Opfergabe; sogar die chthonischen Gottheiten – ihnen schlachtete man meist schwarze Schafe oder Widder, sie völlig verbrennend, während sonst die größeren Teile von den Spendern selber verzehrt wurden.

Das Schaf leidet noch an weiterer Diskriminierung. Der »Schafskopf« ist sprichwörtlich für den Blöden, wie denn alle Zeitalter, von Plinius über die spätantiken Fabeln bis zu Tiervater Brehm, in ihm die Inkarnation der vollkommenen, der unüberbietbaren Dummheit erkennen. Ihr Urteil ist nicht ganz unbegründet: Willens- und widerstandslos läßt es sich melken, scheren, schlachten, stehlen, auf die Wegnahme des Lammes reagiert die Mutter allenfalls mit umflortem Auge; im Duell um die Herdenführung läßt sich der unterlegene Bock vom Sieger gar noch bespringen, womit er denn fortan als Mitglied der Weibergemeinschaft stigmatisiert ist, indessen den triumphierenden Widder der geringste Köter einschüchtert, ja gegebenenfalls läßt er sich die Zügel des Rudels von einem Ziegenbock abnehmen. Auf der Insel Ios sah ich, wie ein Hirte, der die sommerlich verstaubte Herde baden wollte, einen Ziegenbock vom zwei Meter hohen Felsufer ins Meer warf, woraufhin ihm die ganze Schafherde – ansonsten wasserscheu – blind nachstürzte. Beim Gewitter drängt sich das gesamte Kollek-

Unter allen Tieren ist das Schaf am häufigsten vertreten.

tiv in instinktloser Schutzsuche auf offenem Felde eng zusammen, so daß der Blitz sie alle zusammen treffen kann. Hingegen kommt dem Schaf (und seinem Besitzer) seine anpassungsfähige Genügsamkeit zugute; selbst Tollkirsche und Wolfsmilch vermag es zu verdauen, ohne Schaden zu nehmen, obwohl es ansonsten – wie ihm die griechischen Hirten nachsagen – von allen Wiederkäuern die heikelste Auswahl unter den Gräsern und Kräutern treffe, die Stellen meidend, wo Mensch oder Tier ihre Notdurft verrichtet haben. Immerhin ist es schlau genug, unter der mittäglichen Sommersonne den Baumschatten aufzusuchen.

Zur Geringschätzung des Schafes mag auch seine Unansehnlichkeit beitragen: Der schmächtige Leib auf hohen, dünnen Beinen läßt jeglichen Eindruck von Kraft missen; die flache Stirn wirft die Frage auf, wo denn das Hirn bleibe; die Augen ertrinken in den großen Tränensäcken; und mit dem kurzen Schwanz macht es auch keinen Staat. Selbst die Sprache scheint es ihm verschlagen zu haben, nur das weibliche Tier meckert im Augenblick der Gefahr leise vor sich hin, als wolle es sich entschuldigen, überhaupt Laut von sich zu geben. Keine Spur von Eigenart, von Willen, Initiative, Gefühlsregung, Lernfähigkeit – noch nie habe ich in einem Zirkus dressierte Schafe vorgeführt gesehen! Dennoch: 30 Millionen Jahre überlebte diese Inkarnation der Schwäche – die gewaltigen Dinosaurier aber sind ausgestorben, seit elf Jahrtausenden dient das Schaf dem Menschen als Haus- und Nutztier ohne die geringste Andeutung einer Entwicklung. Offensichtlich hat die Evolution vor dem Schaf kapituliert.

Wie aber jede Stärke ihre Schwachstellen hat, so muß im Gegensinn auch ein Lichtlein sein, wo viel Schatten ist. Daß wir es beim Schaf nicht mehr zu sehen vermögen, daß wir allein geringschätzig von ihm denken, bezeugt nur, wie herabgekommen unser Christentum ist. Die biblischen Zeiten hingegen waren seinen Tugenden voll aufgeschlossen. Sie sahen in ihm, zumindest im Lamm, vorbildhaft verkörpert, was sie mit so geringem Erfolg den Menschen predigten: Unschuld und Sanftmut, Reinheit und Demut, Ergebenheit vor aller Unbill und jeglichem Übel, klaglose Hinnahme der bösen Realität und totalen Gewaltverzicht – kurz, den vollkommenen Menschen! Eben deshalb konnte Gott nichts versöhnlicher stimmen als die Opferung eines Lammes, was schon Abraham wußte. Daher es denn auch zum Symbol des christlichen Opfertodes erhoben wurde, des Trägers aller Sünden dieser Welt, und den Thronsitz einnahm am guten Ende der Apokalypse; nicht anders verstand sich die Urgemeinde denn als Herde ihres »guten Hirten« Jesu, der dereinst im Jüngsten Gericht die Schafe von den Böcken scheiden werde. Doch mit dem Verfall des Kurswertes dieser Tugenden ist unserer verweltlichten Spätzeit, die auf Leistung und Ellbogen pocht, auf die Vita activa im Hier und Jetzt, ist uns die Achtung vor den »Schafstugenden« vergangen. Geblieben davon ist nur die Redensart von der wohlwollend belächelten »Lamms-Geduld«; geblieben die Überzeugung, daß – laut dem »Handwörterbuch des deutschen Aberglaubens« – der Teufel nicht in ein Lamm zu fahren vermöge.

Und geblieben ist sein materieller Nutzen für den Menschen, dem das Schaf wohl sein Überdauern die Äonen hindurch zu danken hat. Auch und nicht zuletzt in Griechenland. Von ihm hat der Bauer sein Fleisch, das er sich meist nur an den Sonn- und Festtagen leistet; hat er die Milch – er trinkt und verbuttert sie kaum, er bereitet aus ihr den Joghurt, der nirgends so köstlich mundet wie in diesem Land, bis etwa Mai, da die Lämmer sich dann auf die eigenen Beine stellen. Im Sommer ist Joghurt zwar noch aus Kuhmilch zu haben, lohnt aber nicht recht die Rede: Seine Ge-

schmacksfülle erlangt er erst wieder im Herbst, nach dem zweiten Wurf (die Trächtigkeit dauert 144 bis 150 Tage). In noch größerer Menge verarbeitet der Bauer die Milch zu Käse (oft mit der der Ziege gemischt), zu weichem und hartem, der mit Brot und Tafeloliven seine tägliche Nahrung ausmacht. Und vom Schaf hat der Grieche schließlich die Wolle für Kleid und Bett – zwanzig Tiere müssen ihre Wolle lassen für die Herstellung eines Teppichs im Format von 2 × 3 m; hat er ferner das Leder für sein Schuhzeug und nicht zuletzt den Dünger, dessen Wirkkraft dem des Rindes am nächsten kommt.
Nicht zu vergessen: Das Lamm steht im Mittelpunkt der Osterfeier, dem höchsten und freudigsten Fest des orthodoxen Griechenvolks, dessen Herzen die Auferstehung Christi näher liegt als seine weihnachtliche Geburt oder gar seine Passion und Kreuzigung; sie geben zwar Anlaß zum vielwöchigen Fasten und zu nächtelangen Kirchenbesuchen, nicht aber zum Trinken und Tanzen. Nun aber, zum Ostersonntag, haben sich drei Wandermusikanten eingefunden mit Geige, Klarinette und Laute. Das ganze Bauerndorf ist da und die Hirten, der Gendarm und natürlich auch der bärtige Pappas – zu Ehren des frohen Tages hat seine Frau die Soutane ausgeklopft. Kein Platz mehr ist zu haben in den Kafenia rund um die Platia, den Marktplatz, dessen Ränder sie mit ihren Tischen und Hockern ringsum säumen. Die Frauen und Töchter haben die alten Trachten hervorgeholt. Ihr Platz ist nicht neben den Männern, sie stehen und drängen sich in den Ekken, die Kleinen hängen ihnen an den Röcken, indessen die Halbswüchsigen lärmend über die Straße hoppeln. Vor der Taverne prasselt auf freiem Boden ein mit Holzkohle gefüttertes Feuer, mehrere Lämmer werden darüber andächtig langsam an den Spießen gedreht, vier bis fünf Stunden lang, weshalb Männer und Knaben sich beim Rotieren abwechseln. Braun und saftig glänzt das mit Olivenöl und Zitronensaft immer wieder bestrichene Fleisch, ab und zu machen fallende Fettropfen die Glut aufzischen. Die vom Fasten Ausgehungerten können die Augen kaum lassen von diesem knusprigen Bild; die mageren Musikanten auch nicht – das Warten zu kürzen, greifen sie wieder zu den Instrumenten, und die Umstehenden ordnen sich zum alten Reigentanz. Der Fremde aber ist nun bereit, sich – zumindest was das Schaffleisch angeht – vom Saulus zum Paulus zu bekehren.
Eine vergleichbar vielseitige Leistung ist der Ziege nachzurühmen, die der griechische Bauer an die zweite Stelle seiner züchterischen Bemühung setzt. Sie bietet Vorteile: Sie ist stärker, sie verlangt geringere Wartung, kann sie doch sich selber überlassen bleiben, denn sie weiß sich zu schützen; auch findet sie ihre Nahrung auf der hochgelegenen, sonst keiner Nutzung dienlichen Bergöde, die dem Schaf unersteiglich ist. Schwerer aber wiegt der Schaden, den die Ziegen dem jungen Forst zufügen – sein frisches Blattwerk ist ihnen unwiderstehlich. Wenn bisher alle griechischen Anstrengungen, durch Wiederauffor-

Ziegen als Gegenpol zur Schafsfamilie.

stung die klimatischen Mängel des Wasserhaushaltes zu korrigieren und die Fruchtböden vor dem Abschwemmen zu bewahren, immer wieder gescheitert sind, so ist dafür in erster Linie die Ziege verantwortlich. Der Bauer zieht daraus nicht die erforderliche Lehre, ist er doch nicht der unmittelbar Leidtragende ihrer unzähmbaren Freßbegier; oft genug käme der Verzicht auf die Ziege seinem Selbstmord gleich.

»Sündenbock« ist also dieses Tier in der Tat. Diesen Ruf hängte ihm freilich erst das Alte Testament an, das es mit allen Lastern der Völker belud und in die Wüste »zum Teufel« schickte; das Neue Testament sprang noch unbarmherziger mit ihm um, es auferlegte ihm die untilgbare Hypothek der ewigen Verdammnis, bis hin zum Endgericht, und schließlich wertete es das katholische Mittelalter zum stinkenden Satan höchstpersönlich auf. Die christlichen Augen also nahmen das Ziegengeschlecht als Gegenpol zur Schafsfamilie wahr. Was aber dem Ziegenbock die jüdisch-christliche Verurteilung einbrachte, seine geile Potenz, erschien den Hellenen als Inbegriff der Zeugungskraft: Als Kulttier gehörte er zu den »ständigen Begleitern« von Aphrodite, Dionysos und Hermes, auch von Pan, der – von den Orphikern verehrt – als Sprößling eines Hirten und einer Ziege galt, versehen mit deren Hörnern, Ohren und Füßen. In noch älteren Mythen paaren sich Mädchen mit dem Bock, dem »Herrn der jungen Frauen«, um göttliche Kinder zu gebären, wie Herodot von den Damen des kleinasiatischen Mendes zu berichten weiß.

Diese und jene Vergangenheit sagen dem griechischen Bauern nichts mehr, er hält sich an den Nutzen der Ziege – sie ist für ihn, neben dem Schaf, was die Kuh für seine »europäischen« Genossen, und auf seiner Geschmacksskala zählt das Zicklein zu den erlesenen Delikatessen. Der Fremde, der sich auf die Bekanntschaft mit ihm einläßt, wird ihm mit Sicherheit nicht widersprechen.

Die griechische Küche im Frühjahr

Schon im Februar blüht der Mandelbaum. Es ist schwer, den Zeitpunkt für den Übergang vom Winter zum Frühjahr anzugeben. Und so, wie der blühende Mandelbaum die erste Ankündigung des Frühjahrs darstellt, ist es auch mit dem Karneval. Die letzten Tage des Karnevals bedeuten nicht ein Sich-Austoben, sondern sie sind der Auftakt zu dem größten religiösen Fest Griechenlands. Natürlich tanzt man und maskiert sich zum Karneval, besonders in Patras. Doch schon am letzten Sonntag vor Karneval liegt eine neue Melodie in der Luft.

Wiederum spiegelt der Familientisch den Festtagskalender: mit der *Tirópita* (Käsepastete), danach *Arní Kapamás* (geschmortes Lammfleisch) und einer guten *Makaronáda* (Makkaroni) dazu, Salat, Käse und *Galatópita* (Milchkuchen) und mit den gegenseitigen Wünschen »ke tou chrónou, chrónia pollá« (so auch im nächsten Jahr und noch viele Jahre) werden das Frühjahr, die Ostern, Tod und Auferstehung der Natur und der Hoffnung angekündigt.

Am Rosenmontag fängt das vierzigtägige Fasten an. Es erklingt nun kein moderner Tanz mehr; allein das Volkslied und der Volkstanz sind zu hören. »Koúlouma« heißt der traditionelle Ausflug auf das Land mit Verwandten und Freunden. Meistens wird draußen im Garten eine Tafel gedeckt – mit tausenderlei Mesedákia: *Kalamarákia* (Kalamare), *Oktapódi* (Polyp), *Dolmadákia jaladzí* (gefüllte Weinblätter mit Reis), *Taramosaláta* (Fischrogensalat), junge Zwiebeln, Kopfsalat, Oliven, Radieschen; alles, was nicht Fleisch, Butter, Milch und Ei ist oder enthält. Damit setzt das Fasten ein, Kinder und Erwachsene lassen Drachen steigen. Die Luft ist bunt und heiter.

Vierzig Tage fasten nur wenige. Während der Karwoche aber gibt es kaum jemanden, der nicht fastet. Wer das ganze Jahr nicht in der Kirche war, geht sicher zur »Kreuzigung« am Gründonnerstag, mit einer Kerze zum »Epitáphios«, der Beerdigungs-Prozession am Karfreitag und zum Mitternachts-Auferstehungs-Gottesdienst am Ostersonnabend. Dieser Gottesdienst findet im Freien statt. Der Pfarrer bringt das »Neue Licht« aus der Kirche, und dieses Licht verbreitet sich fast blitzartig von Kerze zu Kerze in der großen Menge. Sobald das Wort »Christós anésti!« (Christus ist auferstanden!) verkündigt wird, küssen sich Verwandte, Freunde und Feinde mit der Antwort »Alithós anésti« (er ist wirklich auferstanden). Die am Gründonnerstag gefärbten roten Eier werden mit den gleichen Wünschen aneinandergestoßen, Feuerwerk wird abgebrannt, die Glocken läuten jubelnd. Die neu entzündeten Kerzen müssen brennend heimgetragen werden, um das Neue Licht ins Haus zu bringen, das bis Pfingsten leuchten soll. Vor Übertreten der Schwelle wird dreifach auf den obersten Balken des Türrahmens ein Kreuz gezeichnet, und dann ist die Fastenzeit zu Ende, und es geht zur Ostertafel: *Majirítsa* (Ostersuppe), *Sikotákia tiganitá me sáltsa* (gebratene Lammleber), rote Eier, Salat und *Tsouréki* (Osterbrot) gehören unbedingt dazu.

Der Ostersonntag wird im großen Kreis, mit Verwandten und Freunden, außerhalb der Stadt in irgendeinem privaten Garten gefeiert. Das Osterlamm wird langsam am Spieß gedreht. *Kokorétsi* (Fleischrolle), *Sikotákia* (gebratene Leber), rote Eier und Käse werden mit *Ouzo* (Anisschnaps) herumgereicht, bis das Lamm fertig ist. *Halvás* (Osterkuchen) oder *Ravaní* (Grießkuchen) sind die üblichen Nachspeisen.

Griechen in Deutschland: Das Osterlamm wird am Spieß gedreht.

Gebratenes Lammfleisch mit Kartoffeln, Reis oder Spaghetti

Foto

Arní me patátes sto foúrno

Mit Kartoffeln

1½ kg Lamm- oder Kalbskeule oder -braten, 1 Zitrone, 2 EL Pflanzenfett, 1 Tasse Wasser, 1 kg kleine Kartoffeln, 6 EL Öl, Salz, Pfeffer

Fleisch waschen, trocknen, reichlich mit Zitrone abreiben und mit Fett bestreichen. In einer feuerfesten Form bei mäßiger Hitze 1 Stunde braten. Ab und zu mit dem Saft des Fleisches und, soweit nötig, mit Wasser übergießen. Inzwischen die Kartoffeln schälen, waschen und, wenn sie zu groß sind, vierteln. Nach 1 Stunde Bratzeit das Fleisch umdrehen, die Kartoffeln um das Fleisch ordnen, mit dem Öl übergießen, weiterbraten. Sobald die Kartoffeln bräunen, sie vorsichtig umrühren und, wenn nötig, Wasser zugeben. Die Form mit Alufolie bedecken. Gegen Ende der Bratzeit salzen, pfeffern. Diese Art der Kartoffelzubereitung ist eine der häufigsten Beilagen für jede Art von Bratfleisch.

Mit Reis

Fleisch wie oben, 3 EL Pflanzenfett, 1 Dose (250 g) enthäutete, Tomaten, 5 Tassen Wasser, ½ TL Zucker, Salz, Pfeffer, 2½ Tassen Reis

Fleisch wie oben vorbereiten und braten. Inzwischen die Tomaten mit 2 EL Fett weich werden lassen (in einem Topf), Wasser, Zucker, Salz, Pfeffer zugeben, 5 Minuten kochen lassen. In einem anderen Topf den Reis mit dem restlichen Löffel Fett etwas rösten, bis er glasig wird. ½ Stunde vor Ende der Bratzeit den Reis um das Fleisch ordnen, mit der Soße übergießen, einmal umrühren und weiterbraten, bis die Flüssigkeit fast völlig verdunstet ist.

Mit Spaghetti
Fleisch wie oben, 4 EL Pflanzenfett, Salz, Pfeffer, 1 feingeriebene Zwiebel, 500 g geschälte, kleingeschnittene Tomaten oder 1½ EL in Wasser aufgelöstes Tomatenmark, 1 TL Zucker, 1 Tasse Wasser, ca. 500 g Spaghetti

Fleisch und Soße wie oben zubereiten, fast fertig schmoren. Fleisch herausnehmen, warm halten. In der siedenden Soße, der entsprechend Wasser zugegossen wurde, die Spaghetti kochen. Kurz vor Ende der Garzeit das Fleisch beifügen. Mit geriebenem Käse servieren.

Geschmortes Lammfleisch
Arní Kapamás Kalamatianós

1½ kg Lamm- oder Kalbfleisch zum Braten (am besten Rücken), Salz, Pfeffer, 2 EL Mehl, 50 g Pflanzenfett, 1 Tasse Weißwein, 1½ EL in einer Tasse Wasser aufgelöstes Tomatenmark oder 650 g geschälte, geschnittene Tomaten, Zimt, 2–3 Nelken, 2 TL Zucker, 2 Lorbeerblätter

Fleisch in 6 Portionen schneiden, waschen, abtrocknen, salzen, pfeffern, in Mehl wälzen, und in heißem Fett anbraten. Die Stücke in einen Topf legen. In das Fett der Pfanne den Weißwein, das Tomatenmark oder die frischen Tomaten geben, etwas kochen lassen und zu dem Fleisch schütten. Zimt, Nelken, Zucker, Lorbeerblätter, Salz und Pfeffer beifügen und zugedeckt leise schmoren. Evtl. etwas heißes Wasser zugießen, bis das Fleisch weich ist und wenig Soße bleibt.

Hinweis
Das Gericht wird – besonders in Kalamata – vorzugsweise am Karneval, mit gekochten Spaghetti serviert.

Geschmortes Lammfleisch mit Kartoffeln
Arní me patátes ragout

1½ kg Lamm-, Schweine- oder Kalbfleisch, Salz, Pfeffer, 3–4 EL Pflanzenfett, 1 feingeriebene Zwiebel, ½ TL Zucker, 500 g geschälte und kleingeschnittene Tomaten oder 1 EL in 1 Tasse Wasser aufgelöstes Tomatenmark, 1 EL feingewiegte Petersilie, 1 Tasse heißes Wasser, 1 kg Kartoffeln

Fleisch in kleinere Portionen schneiden, waschen, trocknen, salzen, pfeffern und im Fett anbraten. Herausnehmen. Die Zwiebel im gleichen Fett dünsten, Zucker, Tomaten und Petersilie dazugeben und mit dem heißen Wasser begießen. Das Fleisch wieder hineingeben und leise ½ Stunde zugedeckt schmoren lassen. Die Kartoffeln schälen, waschen, in Viertel schneiden, zum Fleisch geben und zugedeckt leise weich kochen lassen.

Gegrilltes Lammfleisch auf Spießchen

Foto

Arní souvlákia

1½ kg Lammkeule oder Lammfleisch zum Braten, ½ Tasse Öl, 3 Zwiebeln in feinen Scheiben, 3 zerkleinerte Zehen Knoblauch, ⅓ Tasse Weißwein oder Zitronensaft, je 1 EL Origano und Thymian (oder Kümmel), 1 TL Salz, 1 TL Pfeffer, 3 Tomaten, Zwiebeln und Paprikaschoten, alle in Scheiben, Öl zum Bepinseln

Fleisch in mittelgroße Würfel schneiden, waschen, trocknen. Alle Zutaten (außer Tomaten, Paprikaschoten und den zusätzlichen Zwiebelscheiben) in einer Schüssel verrühren. Fleisch dazugeben und im Kühlschrank 24 Stunden zugedeckt stehen lassen. Auf Spießchen abwechselnd die abgetropften Fleischwürfel, Tomatenscheiben, Zwiebelscheiben und Paprikaschotenscheiben stecken. Mit Öl bepinseln, salzen, pfeffern. Bei mäßiger Hitze ca. 15 Minuten grillen. Mit Reis oder Pommes frites servieren.

Lammkeule in Pergamentpapier

Arní boúti sto chartí

1 Lammkeule, Knoblauch, Salz, Pfeffer, Öl, Zitronensaft, feingewiegter Dill und Petersilie, 1 EL Origano, 2 feingeschnittene Zwiebeln, 100 g Schafskäse

Die Lammkeule waschen und trocknen. Mit der Messerspitze 4–5 Öffnungen in die Keule stechen und je 1 Zehe Knoblauch, in Salz und Pfeffer gewälzt, hineinstecken. Mit Öl und Zitronensaft reichlich bepinseln. Salzen, pfeffern. Dill, Petersilie, Salz, Pfeffer, 2 Zehen feingehackten Knoblauch, Origano, Zwiebeln, etwas Öl und Zitronensaft und den Schafskäse, mit der Gabel gut zerdrückt, mischen. Diese Mischung in die mit einem Längsschnitt teilweise geöffnete Keule einfüllen. Ein Pergamentpapier reichlich mit Öl bepinseln und die Keule darin einwickeln. In ein zweites, nicht eingefettetes Papier fester und in ein drittes noch fester einwickeln und gut verschnüren. Bei mäßiger Hitze auf dem Rost, der auf die Bratpfanne gelegt wurde, etwa 2 Stunden braten. Heiß mit Kopfsalat servieren.

Fleischrolle aus Innereien
Kokorétsi

Insgesamt 1 kg Leber, Lunge, Herz und Milz vom Lamm, 2 Eier, 2½ EL Paniermehl oder zerstoßener ungesüßter Zwieback, je ½ EL Salz und Pfeffer, 1–1½ EL Origano, 1 großes oder 2 kleinere Netze vom Lamm oder Schwein (im Griechischen »Lammhemd« genannt) mit den daranhängenden Fettflocken

Die Innereien mit einem scharfen Messer in Streifen und dann mit der Küchenschere in 1 cm große Würfel schneiden. In einer Schüssel die Eier schlagen. Die Innereien und alle übrigen Zutaten (außer dem Netz) zugeben und sehr gut mischen. Das Netz 1 Minute in heißes Wasser tauchen und dann auf dem Arbeitstisch glatt auslegen. Die Innereien-Mischung darauf in der Mitte streifenförmig verteilen, aber nicht bis zum oberen und unteren Rand. Die Außenränder des Netzes nach innen über die Mischung einschlagen und diese so darin einwickeln, daß eine längliche, 4–5 Finger breite Rolle entsteht; diese in eine feuerfeste Form legen. In den auf 250 °C vorgeheizten Backofen schieben, Hitze auf 150 °C reduzieren und etwa 2½–3 Stunden braten, nach 1 Stunde mit Alufolie abdecken. Aus dem Ofen nehmen, abkühlen lassen, dann in den Kühlschrank stellen. Am nächsten Tag aufschneiden, aufwärmen, servieren.
Man kann die Scheiben einfrieren. Statt des Netzes kann man Blätterteig verwenden (40–45 Minuten backen).

Gefüllte Kalbs- oder Lamm-Milz
Gemistés splínes

1–2 ganze Kalbs- oder Lamm-Milzen, ½ Tasse Weißwein
Für die Soße: 500 g geschälte, feingeschnittene Tomaten, 2–3 EL Pflanzenfett, 1 TL Zucker, Salz, Pfeffer, 2–3 gut zerstoßene Knoblauchzehen
Für die Füllung: 1 Stück kleingeschnittene Lammleber, 1½ Tassen feingeschnittene junge Zwiebeln (mit den grünen Blättern), 1 Tasse Öl, ½ Tasse Pinienkerne, ½ Tasse gewaschene Korinthen, Minze

Für die Soße Tomaten im Topf weich werden lassen. Fett, Zucker, Salz, Pfeffer, Knoblauch und etwas Wasser hinzufügen. 15 Minuten kochen lassen. Vom Feuer nehmen.
Für die Füllung die Leber und die Zwiebeln in Öl schmoren. Pinienkerne, Korinthen, Minze, beifügen. Kurz schmoren. Vom Feuer nehmen.
Die gewaschene Milz kurz in kochendes Wasser tauchen, an einer Ecke mit einem scharfen Messer ein kleines Loch stechen und das Innere vorsichtig öffnen, ohne die Haut zu zerschneiden. Milz mit der Füllung vollstopfen, zunähen. In eine feuerfeste Form legen, die Tomatensoße und den Wein hinzufügen und bei mäßiger Hitze unbedeckt im Ofen ca. 1 Stunde schmoren. Ab und zu umdrehen. Zum Schluß muß eine dicke Soße für die Milz übrigbleiben. Als Vorspeise zu reichen.

Gebratene Kalbs- oder Lammleber mit Soße
Sikotákia tiganitá

1 kg Leber, Mehl, Öl, Salz, Pfeffer, 2–3 EL Essig, 1–2 Blätter Salbei
Für die Soße: 4–5 EL Pflanzenfett, 2–3 EL Mehl, 1 Glas Weißwein, ½ Glas Wasser, 1 EL in 1 Tasse Wasser aufgelöstes Tomatenmark, 1 EL feingeriebene Zwiebel, 2 EL feingewiegte Petersilie, Salz, Pfeffer, 1 TL Zucker, 1 EL Origano

Leber in Scheiben schneiden, mit Mehl bestäuben und in heißem Öl auf starkem Feuer schnell anbraten, umdrehen, salzen, pfeffern. Bevor man sie aus der Pfanne nimmt, mit Essig beträufeln und Salbei hinzufügen. Für die Soße das Fett erhitzen, Mehl unterrühren und anbräunen. Unter ständigem Rühren Wein und Wasser zugießen. Tomatenmark, Zwiebel, Petersilie, Salz, Pfeffer, Zucker dazugeben, 20 Minuten leise kochen. Die gebratene Leber in kleine Stücke schneiden, mit Origano überstreuen, in die Soße geben, 5 Minuten ziehen lassen.

Lammfrikassee mit Eier- und Zitronen-Soße
Arní frikassé avgolémono

1½ kg Lamm- oder Kalbfleisch (Keule oder Rücken), ¾ Tasse Pflanzenfett, 500 g feingeschnittene Schalotten, 3–4 feingeriebene Zwiebeln, Salz, Pfeffer, 3–4 Endiviensalat, 3–4 EL Dill, Eier- und Zitronen-Soße (Seite 31)

Lammfleisch in große Würfel schneiden und in heißem Fett anbraten. Zwiebeln hinzufügen und alles weiterschmoren. Salz, Pfeffer und etwas heißes Wasser dazugeben und leise 15–20 Minuten kochen lassen, bis die Flüssigkeit verdunstet ist. Den Salat verlesen, waschen, grob schneiden und 10 Minuten in Wasser kochen, mit dem Schaumlöffel herausnehmen, dem Fleisch hinzufügen. Dill zugeben. ½ Stunde zugedeckt leise kochen lassen. Gelegentlich etwas heißes Wasser zugießen. Mit Eier- und Zitronen-Soße begießen.

Artischocken mit Fleisch
Anginares me kréas

1½ kg Lamm- oder Kalbfleisch,
½ Tasse Pflanzenfett,
2–3 feingeriebene Zwiebeln,
Salz, Pfeffer,
½ Tasse Weißwein,
12–18 Artischocken,
Saft von 2–3 Zitronen,
Eier- und Zitronen-Soße (Seite 31)

Fleisch in große Würfel schneiden, in Fett mit den Zwiebeln dünsten. Salzen, pfeffern, mit Weißwein und Wasser halb bedecken und ca. ¾ Stunde zugedeckt leise kochen lassen. Artischocken in Salzwasser mit Zitronensaft (Seite 79) kochen. Das Fleisch mit seiner Soße und den gekochten Artischocken in eine feuerfeste Schüssel füllen. Den Saft von 1 Zitrone hinzufügen. Bei mittlerer Hitze im Backofen 20 Minuten offen fertiggaren. Mit Eier- und Zitronen-Soße begießen.

Frikadellen aus dem Ofen mit Joghurtsoße

Keftédes foúrnou me kimá ke jaoúrti

750 g Hackfleisch (Kalb und Schwein gemischt), 5 Scheiben in Wasser aufgeweichtes Weißbrot (ohne Kruste), 2½ EL Öl, Salz, frisch gemahlener Pfeffer, Origano (oder 1 Handvoll feingeschnittene Petersilie), 750 g Zwiebeln, Paprika, Pfefferkörner, etwas Pflanzenfett, 1 Glas Weißwein, 500 g Joghurt (abgetropft), gemischt mit 100 g Sahnequark, 4 Eier

Das Hackfleisch mit dem ausgedrückten Weißbrot, 1½ EL Öl, Salz, Pfeffer, Origano gut verkneten. Zu kleinen Frikadellen (ca. 6–7 cm Ø) formen und 1–2 Stunden im Kühlschrank stehen lassen (auch länger).
Die Zwiebeln säubern, in feine Scheiben schneiden, in Salzwasser mit Paprika und 1 EL Öl 10 Minuten kochen lassen, abtropfen. Die Zwiebeln in einer länglichen, feuerfesten Form ausbreiten. Einige Pfefferkörner darüberstreuen, die Frikadellen darauflegen. Auf jede Frikadelle eine Flocke Pflanzenfett geben. Den Wein darübergießen, im Backofen braten. Wenn sie oben braun sind, umdrehen. Joghurt mit den ganzen Eiern verschlagen. Die gebratenen Frikadellen mit dieser Masse überdecken und weiterbraten lassen, bis der Joghurt cremig und bräunlich wird, d. h., keine Flüssigkeit mehr hat. Servieren.

Gefüllte Weinblätter mit Fleisch

Dolmadákia avgolémono

200 g frische (ungespritzte!) oder 1 Dose Weinblätter, 650 g gemischtes Hackfleisch (Kalb und Schwein), 4 EL roher Reis, Salz, Pfeffer, 3 EL feingewiegte Petersilie, 2 EL Dill oder ½ TL zerriebene Krauseminze, 1 Tasse feingeriebene Zwiebeln, 3–4 EL Pflanzenfett, 3 Tassen heißes Wasser, Eier- und Zitronen-Soße (Seite 31)

Die Weinblätter gut waschen, 10 Minuten in siedendem Wasser ziehen lassen. Mit kaltem Wasser abspülen, abtropfen lassen. Hackfleisch, Reis, Salz, Pfeffer, Petersilie, Dill oder Krauseminze, Zwiebeln gut mischen. Diese Füllung teelöffelweise auf je 1 Blatt legen, die Seiten des Blattes einschlagen, rollen und zu geschlossenen Rouladen formen.
Auf den Boden eines Topfes eine Reihe Blätter legen und darauf die Rouladen fest nebeneinander ordnen, salzen, pfeffern, Zitronensaft darübergießen, das zerlassene Fett und das Wasser dazutun. Einen Teller über die Rouladen legen (um sie festzuhalten), Topf zudecken und das Gericht 1½ Stunden leise schmoren lassen. Eier- und Zitronen-Soße über die Rouladen gießen.

Variation
Statt Weinblätter kann man auch Kopfsalatblätter verwenden. Die zarten Herzblätter behält man für Salat zurück.

Gefüllte Weinblätter mit Reis

Foto

Dolmadákia jaladzí

1½ Tassen Öl, 3 Tassen feingeriebene Zwiebeln, 2 Tassen Reis, 2 Tassen heißes Wasser, ½ Tasse Pinienkerne, je 3 EL feingewiegter Dill und Petersilie, ½ TL zerriebene Krauseminze, Salz, Pfeffer, 1 TL Zucker, 300 g frische (ungespritzte!) oder 1 Dose Weinblätter,
Saft von 2 Zitronen,
2 Tassen heißes Wasser

Die Hälfte des Öls in einem Topf erhitzen, die Zwiebeln leicht anbräunen. Reis hinzufügen und etwas schmoren lassen. Wasser, Pinienkerne, Dill, Petersilie, Krauseminze, Salz, Pfeffer und Zucker dazugeben. 10 Minuten zugedeckt leicht kochen lassen, bis das Wasser verdunstet ist. Vom Feuer nehmen, abkühlen lassen.

Die Weinblätter vorbereiten, füllen und in einen Topf legen, wie im vorigen Rezept beschrieben. Das übrige Öl, den Zitronensaft und das heiße Wasser darübergießen, einen Teller darauflegen, den Topf zudecken, 45 Minuten sehr leise kochen lassen. Kalt als Vorspeise servieren.

Spinat mit Reis

Spanakóriso

2 kg Spinat, 2 feingeriebene Zwiebeln,
1½ Tassen Öl,
2 Tassen heißes Wasser, Salz, Pfeffer, 1 EL in 1 Tasse Wasser aufgelöstes Tomatenmark,
1½ Tassen Reis,
Saft von 1 Zitrone

Spinat verlesen, in lauwarmem Wasser waschen, mit kochendem Wasser überbrühen, abtropfen lassen. Zwiebeln in Öl schmoren, den Spinat beigeben, schmoren und das Wasser zugießen. Salzen, pfeffern, Tomatenmark dazutun und 45 Minuten sacht kochen lassen. Reis beigeben, 20 Minuten leise sieden lassen. Wenn nötig, etwas heißes Wasser zugeben. Zitronensaft hinzufügen. Kalt servieren. Bei den Griechen ist das ein Hauptgericht.

Variation
Statt Spinat grobgeschnittene Weißkohlblätter verwenden. Dieses Lachanóriso ist ebenfalls sehr schmackhaft.

Spinat mit Joghurt
Spanáki me jaoúrti

2 kg Spinat, Salz, 3 EL Öl,
1½ EL Pflanzenfett,
1 große, geriebene Zwiebel,
3 EL feingeschnittener Dill,
4 große Knoblauchzehen,
400 g Joghurt (abgetropft), mit
100 g Sahnequark gemischt

Den Spinat verlesen, gut waschen und in Salzwasser kochen. Im Sieb abtropfen. 1 EL Öl und ein wenig Pflanzenfett in der Pfanne erhitzen und die Zwiebel etwas rösten, Spinat und Dill hinzugeben, 15 Minuten alles gut gemischt schmoren lassen. Den Knoblauch auspressen oder besser noch zerstoßen und gut mit dem Joghurt verrühren. Spinat in die Schüssel geben, die auf den Tisch kommen soll, darauf den Joghurt schütten. Restliches Öl und Pflanzenfett erhitzen und löffelweise über den Joghurt verteilen. Servieren.

Spinatpastete
Spanakópita

1½ kg Spinat,
1 großer Kopfsalat,
3 feingeriebene Zwiebeln,
½ Tasse feingewiegte Petersilie,
1½ Tassen feingewiegter Dill,
1 Tasse Pflanzenfett,
3 Tassen Béchamelsoße (Seite 29),
200 g geriebener Parmesan und Schweizer Käse,
300 g Nudelteig (Seite 43) oder 1 Paket tiefgekühlter Blätterteig,
½ Tasse zerlassenes Fett oder Öl zum Bepinseln

Spinat und Kopfsalat waschen, grob schneiden, gar kochen. Spinat, Zwiebeln, Petersilie und Dill im Fett kurz schmoren, vom Feuer nehmen. Die Béchamelsoße, Pfeffer und den mit der Gabel zerdrückten Schafskäse, Parmesan und Schweizer Käse dazugeben. Alles gut zu einem Brei verrühren.
Den Boden und die Ränder einer ausgefetteten Bratpfanne mit ⅔ des ausgerollten Teiges auslegen und diesen mit Fett bepinseln. Den Spinatbrei darüber verteilen und mit dem zweiten Teigblatt zudecken. Die Ränder der Teigblätter aneinanderkleben, die Pastete mit Fett bepinseln, in Portionen schneiden, so daß der Dampf entweichen kann. Bei mäßiger Hitze ¾–1 Stunde backen.

Käsepastete
Tirópita

500 g Schafskäse oder
350 g Schafs- und 200 g geriebener Schweizer Käse,
3 Tassen dicke, kalte Béchamelsoße (Seite 29),
100 g geriebener Parmesan,
3 verquirlte Eier, weißer Pfeffer,
Muskat, 300 g Nudelteig (Seite 43)
oder 1 Paket tiefgekühlter Blätterteig,
¾ Tasse zerlassenes Fett oder Öl zum Bepinseln

Schafskäse mit der Gabel zerdrücken. Béchamelsoße, Parmesan, Eier, Pfeffer, Muskat dazugeben, gut mischen. Weitere Zubereitung wie bei Spinatpastete.

Hinweis
Pita, alias »die Flache«, ist eine Art Pastete, die aus fein ausgerolltem Teig (Nudel- oder Blätterteig oder tiefgekühlten Teigblättern) mit den verschiedensten Füllungen in einer viereckigen Pfanne im Ofen gebacken wird. Ihr Stammland ist die rauheste Berglandschaft Griechenlands, Epirus, der Nordwestwinkel des Landes. Die Pita ist aus der Not geboren (man kann als Füllung alles verwenden, auch im Walde gesammelte aromatische Kräuter und Brennesseln). Die Pita-Rezepte sind heute berühmt. Die Pitas können im Menü ein erster Gang sein, aber auch ein Hauptgericht, ein Weihnachtsessen oder sogar am 1. Januar die goldene Glücksmünze enthalten.

Verlorene Eier
Avgá possé

6 (oder 12, je nach Appetit!) Eier,
6 Tassen Wasser,
1 TL Salz,
1 EL Essig

In einem flachen Topf Wasser, Salz und Essig zum Kochen bringen. Eier eines nach dem anderen in einer Tasse aufschlagen, vorsichtig ins kochende Wasser hineingleiten lassen und 2–3 Minuten kochen, je nach Größe des Topfes eventuell in zwei Arbeitsgängen. Ständig mit einem Löffel von dem kochenden Wasser darübergießen. Mit dem Schaumlöffel vorsichtig herausheben, abtropfen lassen und sofort auf eine der folgenden Arten servieren:

▷ Die Eier auf *geröstete Brotscheiben,* mit frischer Butter bestrichen, legen, salzen, pfeffern, etwas zerlassene Butter darüberträufeln.

▷ Auf das geröstete Brot 1 Scheibe *Schinken* legen, darauf das verlorene Ei und mit Béchamelsoße (Seite 29), reichlich mit Käse gemischt, übergießen. Ganz schnell bei sehr starker Hitze im Ofen überbacken, damit die Eier nicht fest werden.

▷ Mit *Kartoffelbrei,* in den geriebener Käse gemischt worden ist, servieren. Die Eier mit Tomatensoße (Seite 30) übergießen und mit geriebenem Käse überstreuen.

▷ Mit *Spinat* und Tomatensoße (Seite 30) servieren.

▷ *Joghurt* in eine Schüssel füllen, die Eier darauflegen und mit zerlassener Butter übergießen.

Artischocken
Anginàres

Vorbereitung für alle Artischockengerichte
Die harten, äußeren Blätter entfernen. Den Stiel bis auf 2 cm abschneiden. Die inneren Blätter stark kappen; wenn es sich um ältere Artischocken handelt, werden sie ganz entfernt, ebenso das sogenannte »Heu«. Es bleiben also nur die Artischockenböden, eventuell mit einem ca. 2 cm hohen Blätterkranz. Die Artischocke mit halbierter Zitrone abreiben. In Salzwasser mit dem Saft von 2 Zitronen und 2 TL Mehl stehen lassen, damit sie nicht schwarz werden. Mit einem Teller beschweren, damit sie nicht aufschwimmen. Schnell in klarem Wasser schwenken, sofort in siedendes Salzwasser legen, dem ausreichend Zitronensaft beigegeben ist. Mit Pergamentpapier (in die Mitte ein Loch schneiden!) zudecken und in 45 Minuten gar kochen.

Artischocken à la Polita
Anginàres à la Políta

12–18 Artischocken, 1½ Tassen Öl, 300 g kleine, ganze Zwiebeln oder Cipolla, 3 EL feingehackte junge Zwiebeln, 2 Tassen Wasser, 2–3 Möhren in Scheiben, 3 EL feingewiegter Dill, Saft von 1½ Zitronen, 1 kg sehr kleine, ganze oder halbierte Kartoffeln, Salz, Pfeffer

Artischocken vorbereiten wie oben. Öl erhitzen, die Zwiebeln (ganze und gehackte) hinzufügen, schmoren. 1 Tasse Wasser, Möhren und Dill dazugeben, noch 10 Minuten kochen. Eine weitere Tasse Wasser, Zitronensaft, Kartoffeln hinzutun und die ungekochten Artischocken mit dem Stiel nach oben hineinlegen. Mit Salz und Pfeffer würzen. Mit Pergamentpapier (Loch in der Mitte!) zudecken. Langsam 1 Stunde kochen. Kalt servieren.

Artischockenauflauf
Anginàres moussaká

10–12 Artischocken, 600 g Hackfleisch, 1 feingeriebene Zwiebel, ¼ Tasse Pflanzenfett, ½ Tasse Rotwein, Salz, Pfeffer, Muskat, 1 TL Zucker, 1 EL feingewiegte Petersilie, 1 Tasse heißes Wasser, etwas Paniermehl, 3 Tassen Béchamelsoße (Seite 29), Parmesan

Die Artischocken vorbereiten und kochen, in Viertel schneiden. Hackfleisch und Zwiebel im Fett schmoren lassen. Rotwein darübergießen und kochen, bis er verdunstet ist. Salz, Pfeffer, Muskat, Zucker, Petersilie und Wasser dazugeben, weiterkochen lassen. Eine feuerfeste Form mit Fett auspinseln, Paniermehl darüberstreuen, den Boden mit einer Schicht Artischocken belegen. Das Fleisch – die Soße soll ganz eingekocht sein! – darübergeben und die restlichen Artischocken daraufschichten. Béchamelsoße mit reichlich Käse vorbereiten und über die Artischocken gießen. Mit Paniermehl überstreuen. Bei mittlerer Hitze ¾–1 Stunde überbacken.

Ostersuppe
Majirítsa

1 Lammkopf, 2–3 Lammpfoten, 1 EL Essig, Leber, Herz, Lunge und Nieren eines Lammes, 300 g junge Zwiebeln mit Grün, 2 große Köpfe Salat, 2 EL feingewiegter Dill, 2 EL feingewiegte Petersilie, ½ Tasse Pflanzenfett, 1 Tasse Weißwein, 6 EL Reis, Salz, Pfeffer, Eier- und Zitronen-Soße (Seite 31)

Kopf und Pfoten in lauwarmem Salzwasser mit Essig 1 Stunde stehen lassen. Gut waschen. Mit kaltem Wasser bedecken, zum Kochen bringen. Abtropfen lassen, mit kaltem Wasser waschen. In heißem Salzwasser 1 Stunde leise sieden.
Die Innereien waschen, in kochendes Wasser geben und 2 Minuten sieden. Herausnehmen, waschen, in kaltes Wasser legen, abtropfen lassen und sehr fein schneiden.
Die Zwiebeln mit dem Grün und den Kopfsalat fein schneiden, mit den Innereien, Dill und Petersilie 5–10 Minuten im Fett schmoren. Wein zugießen. Sobald er verdunstet ist, die passierte Brühe des Kopfes und der Pfoten dazugeben. Wenn sie nicht ausreicht, Wasser zugießen. 30 Minuten zugedeckt leise kochen. Den Reis dazugeben, nochmals 20 Minuten leise sieden. Salzen, pfeffern. Zunge, feingeschnittene Innereien, das Fleisch des Kopfes und der Pfoten fein schneiden und hinzufügen. 5–10 Minuten kochen. Vom Feuer nehmen und mit Eier- und Zitronen-Soße begießen.

Gebackene Sardellen, Sprotten oder andere kleine Fische
Sardélles riganátes sto foúrno

1½ kg Sardellen,
3 EL feingewiegte Petersilie,
Saft von 1½ Zitronen,
1½ Tassen Öl,
Salz,
Pfeffer,
1½ EL Origano,
evtl. 1 Glas Weißwein

Fische waschen, abtropfen lassen, in eine flache feuerfeste Schüssel legen. Petersilie, Zitronensaft, Öl, Salz, Pfeffer und Origano hinzufügen und bei mäßiger Hitze im Ofen 30–40 Minuten backen. Wenn notwendig, etwas heißes Wasser oder Weißwein dazugießen.

Gebratene Fische
Tiganitá psária

Geeignet sind alle kleinen Fische (Sardellen), 250 g pro Person,
Mehl,
Öl zum Ausbacken,
Zitronensaft,
Salz

Fische säubern, waschen, trocknen, in Mehl wälzen und in heißem Öl schwimmend auf starkem Feuer braten. Auf Küchenkrepp legen. Mit Zitronensaft beträufeln, mit Salz bestreuen. Mit Mayonnaise (Seite 29) und frischem Salat servieren.

Polyp, in Wein gekocht Foto
Oktapódi krassáto

1½ kg frischer oder tiefgefrorener Polyp, 1½ Tassen Öl,
2–3 feingewiegte Zwiebeln,
1 feingewiegte Knoblauchzehe,
Pfeffer, 3 EL feingewiegte Petersilie,
500 g geschälte, zerkleinerte Tomaten oder 1½ EL in 1 Tasse Wasser aufgelöstes Tomatenmark,
1 feingeschnittene rote Paprikaschote,
3 Nelken, 2 Lorbeerblätter,
1 TL Zucker, 2 Tassen herber Rotwein

Den Polyp waschen, in Stücke schneiden, in einen kleinen Topf legen (je kleiner, desto besser), im eigenen Saft (ohne Wasser!) ca. 20 Minuten schmoren, bis der Saft verdunstet ist; was etwa übrig bleibt, abgießen. Mit Öl, Zwiebeln und Knoblauch unter ständigem Rühren weiterschmoren lassen. Pfeffer, Petersilie, Tomaten, Paprikaschote, Nelken, Lorbeerblätter und Zucker (kein Salz!) dazugeben und noch 5 Minuten schmoren lassen. Den Rotwein zugießen, zudecken, leise 2 Stunden ziehen lassen. Abschmekken. Als Vorspeise kalt servieren.

Variation
Man kann auch gegen Ende der Garzeit die entsprechende Menge (ca. 400 g) von Koftó makaronáki (kurze Makkaroni) beifügen, entsprechend Wasser zugießen und mitkochen lassen, bis die Flüssigkeit verdunstet ist.

Gegrillter Fisch
Psári sti skára

Geeignet sind alle Fischfilets und fetten Fische,
250 g pro Person,
Öl, Saft von 1 Zitrone,
Salz,
Pfeffer,
Origano,
Zwiebel in Scheiben,
Lorbeerblätter

Fische säubern, waschen. Öl, Zitronensaft, Salz, Pfeffer, Origano, Zwiebel, Lorbeerblätter gut mischen. Fisch hineingeben und 1 Stunde in der Soße stehen lassen. Fische herausnehmen und abtropfen lassen. Auf heißem Grill grillen. Ab und zu mit etwas Soße begießen. Mit Öl- und Zitronen-Soße (Seite 29) servieren.

Fischrogensalat
Foto

Taramosaláta

250 g altbackenes, eingeweichtes Weißbrot (ohne Kruste)
200 g Fischrogen, 1 sehr fein geriebene, mittelgroße Zwiebel, 1 Eigelb, 2–2½ Tassen Öl, Saft von 1½ Zitronen (da Fischrogen gesalzen ist, kein zusätzliches Salz verwenden)

Brot gut ausdrücken; mit Fischrogen, Zwiebel und Eigelb im Mörser gut zerstoßen oder mit dem Mixer quirlen, bis alles zu einem glatten Brei wird. Weiter wie bei Mayonnaise vorgehen: ganz langsam und unter ständigem Rühren Öl zugeben, dann den Zitronensaft, bis ein dicker Brei entsteht (deshalb Öl und Zitronensaft selbst regulieren). Als Vorspeise mit Brot servieren.

Gekochte Salate
Vrastés salátes

Bohnensalat
Feine grüne Bohnen abziehen, längs halbieren, in Salzwasser gar kochen. ½ Tasse feingewiegte Petersilie, 3–4 feingehackte Knoblauchzehen dazugeben, mit Öl- und Essig-Soße (Seite 29) anmachen.
Zucchinisalat
Kleine Zucchini etwas abschaben, Spitzen abschneiden, in Salzwasser weich kochen. Mit Öl- und Zitronen-Soße (Seite 29) anmachen.
Rote-Bete-Salat
Rote Bete gut waschen und ungeschält in Salzwasser weich kochen. Nach 30 Minuten Kochzeit die gewaschenen Blätter mit den Stielen dazugeben, die später mit zum Salat verwendet werden. Die garen roten Beten schälen und in Scheiben schneiden. Mit Knoblauchsoße (Seite 30) servieren.

Creme Karamel
Kréma karamelé

Für den Karamel: 1 Tasse Zucker, ¼ Tasse Wasser, 1 TL Zitronensaft
Für die Creme: 1 l Milch, 1 Tasse Zucker, 3 Päckchen Vanillinzucker, 6 Eier

Zucker mit Wasser und Zitronensaft unter ständigem Rühren kochen, bis die Flüssigkeit karamelfarben ist. In eine Kastenform gießen, diese bewegen, bis die ganze Form benetzt ist und der Karamel kalt und fest wird. Milch mit Zucker und Vanillinzucker aufkochen. Eier gut, aber nicht schaumig schlagen. Die heiße Milch tropfenweise unter ständigem Schlagen hinzugeben, alles in die Form gießen und im Wasserbad (das Wasser darf nicht kochen) ca. 1¼ Stunden im Ofen fest werden lassen. Mit dem Messer probieren, ob die Creme ganz fest ist. Abkühlen, stürzen.

Grieß-Nachspeise
Polítikos halvás

Für den Sirup: 4 Tassen Wasser, 2 Tassen Zucker, Zitronen- oder Orangenschale, 1 Zimtstange, 2–3 Nelken

200 g Pflanzenfett, 2 Tassen Grieß, 1 Tasse geschälte, gehackte Mandeln oder Pinienkerne, Puderzucker, Zimt

Für den Sirup Wasser, Zucker, Zitronenschale und Gewürze 10 Minuten kochen lassen. Zitronenschale und Gewürze entfernen.
Pflanzenfett erhitzen, langsam Grieß dazugeben, auf leisem Feuer ständig rühren. Sobald er rosig ist, die Mandeln hinzufügen, weiterrösten, bis er bräunlich wird. Vom Feuer nehmen und den kochenden Sirup zugießen; immer rühren, auf sehr kleines Feuer setzen, ständig weiterrühren (10–15 Minuten), bis die Flüssigkeit aufgesogen ist. Die Masse muß körnig bleiben. Vom Feuer nehmen, 5 Minuten mit einer Serviette zudecken. In eine beliebige, kalt ausgespülte Form gut hineindrücken und stürzen. Mit Puderzucker und Zimt bestäuben.

Äpfel mit Creme
Milópasta me kréma

1 kg Äpfel, 1 Tasse Weinbrand,
1 Tasse Orangensaft, 2 Tassen Zucker,
abgeriebene Schale einer großen
Orange, 60 Löffelbiskuits,
2 Tassen grobgehackte Nüsse
Für die Creme: 1½ l Milch, 6 EL Zucker,
2 Päckchen Vanillepuddingpulver

Die Äpfel schälen, säubern und in kleine Scheiben schneiden. Mit Weinbrand, Orangensaft, Zucker und Orangenschale auf kleiner Flamme kochen, bis ein Apfelmus (-schaum) entsteht. Falls nötig, noch ein wenig Wasser zugeben. Für die Creme wie gewohnt einen Vanillepudding kochen. Abkühlen lassen. Den Boden und die Wand einer runden, glatten Springform mit den Löffelbiskuits auslegen, das Apfelmus darübergießen, darüber die Creme füllen. Mit den Nüssen bestreuen. 4–5 Stunden in den Kühlschrank stellen.

Joghurtkuchen
Jaourtópita

1 Tasse Pflanzenfett, 2 Tassen Zucker,
5 Eier, etwas Vanillinzucker,
4 Tassen Mehl, 4 TL Backpulver,
1½ Tassen Joghurt, ¾ Tasse geschälte,
feingeschnittene Mandeln,
1 Prise Salz, Puderzucker

Das weiche Fett sehr gut mit dem Zucker verrühren. Die Eigelb nacheinander hinzufügen, Vanillinzucker beigeben. Mehl mit Backpulver durchsieben und abwechselnd mit dem Joghurt löffelweise zum Teig geben, ebenso ½ Tasse Mandeln. Eiweiß mit etwas Salz zu festem Schnee schlagen und leicht mit der Masse verrühren. Eine ausgebutterte Bratpfanne mit einem gebutterten Pergamentpapier auslegen, den Brei daraufgießen, mit den restlichen Mandeln überstreuen und bei mäßiger Hitze im Ofen ca. 45 Minuten backen. Nach dem Abkühlen mit Puderzucker überstreuen.

Osterkuchen
Halvás tis Rínas

½ Tasse Pflanzenfett, 1 Tasse Zucker,
4 Eier, abgeriebene Zitronenschale,
1 Tasse feingehackte Mandeln oder
Walnüsse, 1 EL Zimt, ½ Tasse Mehl,
2 TL Backpulver, 2 Tassen Grieß,
¾ Tasse Milch, Puderzucker und Zimt
Für den Sirup: Je 3 Tassen Zucker und
Wasser, 1 Zimtstange, 3–4 Nelken

Fett und Zucker schaumig schlagen. Nacheinander die Eier dazugeben und 5 Minuten weiterrühren. Zitronenschale, Mandeln und Zimt hinzufügen. Mehl und Backpulver sieben, mit dem Grieß mischen, zu der Masse geben. Milch dazugießen, gut rühren. In einer kleinen, gebutterten, viereckigen Bratpfanne 2½ cm dick verteilen und bei mäßiger Hitze ca. 45 Minuten rosig backen. Sirup 10 Minuten kochen, Gewürze entfernen. Kuchen mit dem heißen Sirup begießen und weiterbacken, bis der Sirup völlig aufgesogen ist. In große Würfel schneiden, mit Puderzucker und Zimt bestäuben.

Jede Wette, daß in der Welt kein Land so viele Kaffeehäuser zählt wie Griechenland (an der Bevölkerungszahl gemessen)! Kein Ort noch so klein und arm, als daß er deren nicht in der Mehrzahl ernährte. Ein griechisches Kafeníon ist zunächst einmal eine Gelegenheit zum Sitzen und erst in zweiter Instanz die Stätte, an der man unter anderem einen »kafedáki« – in Begleitung mehrerer Gläser kalten Wassers – zu sich nehmen **kann**, beileibe

Kafeníon: Parlament der öffentlichen Meinung.

nicht **muß**. Unter anderem, denn das Kafeníon dient zugleich als Büro und Berufsverband, Arbeitsamt und Gewerkschaft, Geschäfts- und Nachrichtenbörse – morgens, nachmittags, abends bis tief in die Nacht. Da sitzen sie Stunden, sinnierend und diskutierend, wie Fischer – die Angel ausgeworfen mit dickem Köder dran, bis plötzlich der Zufall anbeißt, ein gutes Wort, ein erhellender Gedanke, ein Witz oder ein fetter Handel (und man sage nicht, das Angeln sei keine Arbeit), indessen sie das Warten würzen mit Karten oder Würfeln oder Távli, dem Brettspiel. – Vom »kafedáki« (im Mokkatäßchenformat) oder »hellíniko« (einem griechischen) spricht man heute, vor einem Jahrzehnt hieß er noch »túrkiko«, ein »türkischer«, ein Name, der sich verbot, als Griechen und Türken 1974 wegen der Erdölfunde in der Ägäis und wegen Zypern einander in die Haare gerieten, die Regierungen versteht sich, nicht die Völker.

Manos, mein naxiotischer Taxichauffeur, bringt es im Tag auf sechs bis acht Täßchen, was als Durchschnittsleistung anzusehen ist. Er braucht seine Lieblingssorte nicht eigens zu bestellen, der Kellner, der »Garssón«, oder der »Kafezís«, der Cafétier selber, bringt sie ihm unaufgefordert; wehe, wenn ihm mal der Kaffee in anderer Zubereitung vorgesetzt würde – das wäre für Manos ein zwingender Anlaß, das Stammlokal zu wechseln.

In anderen Ländern (Wien natürlich ausgenommen) wird der Kaffee in einer oder zwei, wenn es hochkommt, in drei Arten konsumiert; er wird daher kollektiv zubereitet. In Griechenland aber geschieht seine Herstellung als durch und durch individueller Akt: Jedes Täßchen wird einzeln gekocht, nach dem Geschmack des einzelnen Kunden. Wir übertreiben etwas, denn seine Wahlpalette beschränkt sich auf rund 60 Arten – sie dürften immerhin ausreichen, um der Vielfalt der persönlichen Geschmacksansprüche einigermaßen gerecht zu werden. Diese

Zahl ergibt sich aus den Kombinationsmöglichkeiten dreier Faktoren: aus der Menge des Kaffees (stark-schwach), der Menge des Zuckers, stets zugleich mit dem Kaffee eingekocht (süß-bitter) sowie der Kochdauer (ein- oder mehrmaliges kurzes oder langes Aufkochen). Die Streubreite des Angebots erlaubt natürlich auch die Abstimmung mit dem Bedürfnis der Situation und Tagesstunde: Am frühen Morgen empfiehlt sich der Kaffee »varýglikós« – schwer und süß, während er zur Mitternacht »elafríglikós«, leicht und süß, vorgezogen wird (nicht unbedingt vom Griechen, denn er verfügt über das Talent, immer und überall und unter allen Umständen schlafen zu können). Wer an seine Linie denkt, entscheidet sich für »skéttos« – ohne Zucker. Dem Fremden hingegen ist anzuraten, es zunächst einmal mit »métrios« zu versuchen, mittel in der Dosierung sowohl des Kaffees wie des Zuckers. Wem schließlich dicker Satz nicht behagt, der halte sich an »glikívrastós«, süß und lange oder mehrmals aufgekocht, wodurch sich der Kaffee feiner abklärt – er wird daher auch langsam und aus der Höhe in die Tasse gegossen, während das rasche und niedrige Eingießen den Schaum (kaimáki) verdickt. Stets aber schicke man ihm einen Schluck Wasser voraus: Erst auf seinem neutralen Untergrund verdichtet sich der Kaffee zu seinem vollen Aroma. Soll er langsam abkühlen, bestelle man ihn im »chondróflitsáni«, in dickwandiger Tasse.

Es wird nun einleuchten, daß die Arbeit des Kafezís nicht ein x-beliebiger Beruf ist, sondern eine Kunst. Ein Ritus. Zu seinem Gelingen genügt aber die persönliche Befähigung noch nicht, es hängt auch ab von der Qualität des Wassers und des Kaffees (der in Griechenland stärker, sprich schwärzer gebrannt und feiner gemahlen wird als hierzulande). Ein entscheidendes Wort spricht auch die Art des verwendeten Brennstoffes mit. Gas und Elektrizität bewirken allzu schnelle Erhitzung, die letzte Genußsteigerung ist nur mit der langsameren Erwärmung auf der Holzkohlenglut herauszuholen. Daher denn der Kaffee in den abgelegeneren Dörfern oft besser mundet als etwa in Athen.

Keine Tätigkeit, die im Kafeníon nicht ihren Ort fände. Da werden die lieben Nachbarn durchgehechelt, private und öffentliche Nachrichten kolportiert, Gerüchte in die Welt gesetzt und gelegentlich sogar beerdigt, da werden Käufe und Kredite vereinbart, Geschäfte abgeschlossen, Zwiste geschlichtet, Stellen vergeben, Ehen vermittelt, die Wahlen gemacht, Gemeindesorgen beraten, da werden Arzt und Rechtsanwalt, Lehrer und Priester konsultiert (der Pappás, ja nicht der Pope, der nur abwertend im Sinne des deutschen »Pfaffen« in den Mund genommen wird). Vor allem aber feiert hier die stärkste Leidenschaft der Griechen ihre Orgien – die Politik. Jeder von ihnen fühlt sich ja als ein verhinderter Minister – das macht das Regieren so schwer in diesem 9-Millionen-Volk. So ist das Kafeníon das Parlament der öffentlichen Meinung, der Knotenpunkt, in dem alle Fäden zusammenlaufen, die Stätte, wo sie

Mezédes mit Ouzo bedeutet Muße und im Sommer das Meer.

die Netze knüpfen, ohne die im Meer des griechischen Lebens nichts zu fischen ist – die Netze der Protektion, die sich von der Familie über die Freunde bis zu deren Freunden erstrecken. Und das Kafeníon ist schließlich die Bühne, für viele die einzige Bühne, auf welcher der Grieche sich selber und seiner Umwelt darstellt und bestätigt. Da wird also gedöst, geträumt, gelesen, gespielt, geklatscht, gefeilscht, gedacht, geredet, geredet und nochmals geredet, kurz »gearbeitet« und »gelebt«. Nur eines nicht: geflirtet. Denn nach wie vor ist die Frau – die großen Städte ausgenommen – aus diesem Lebenskreis ausgeschlossen. Häufig nimmt ihr der Mann sogar das Einkaufen ab, gehört sie doch ins Haus. Dort ist sie freilich oft genug, verborgen vor der Öffentlichkeit, in Personalunion Ministerpräsident, Innen- und Finanzminister, indessen dem Gatten de facto nur das Außenressort überlassen ist. Den Sohn aber macht erst die Aufnahme ins Kafeníon zum »Mann«. So bleibt es ein Männerhaus. Es ist das Scharnier zwischen dem einzelnen und der Gemeinschaft. Es ist die Stätte, wo sich die schizophrene Disposition des Griechen zum extremen Individualismus und zur exzessiven Geselligkeit zugleich voll entfaltet und überbrückt. Es ist der geometrische Ort für »das« Griechische, der Ort, an dem das zivile in das öffentliche Leben eingeht und sich die Öffentlichkeit in die Intimität des Privaten umsetzt. Sie suchen den Mittelpunkt von Hellas? Hier ist er, im Kafeníon auf der Agorá, rund um den Marktplatz.

Die griechische Küche im Sommer

Der Sommer beginnt in Griechenland meist schon im April, dauert bis Anfang Oktober und ist nicht nur lang, sondern auch heiß und trocken. Er beeinflußt die Lebensführung viel stärker als der Sommer in Mittel- und Nordeuropa. Schon für das erste Frühstück fehlt der rechte Appetit. Die Mittagshitze lädt eher zu einer ausgedehnten Siesta ein als zum Essen. Die meisten Geschäfte und Büros schließen mehrere Stunden. Straßen und Plätze sind vom glühenden Strahlenbesen der Sonne leer gefegt und beleben sich erst nach sechs Uhr wieder. Das Abendbrot wird so weit in den Abend hinausgeschoben wie möglich. Zwischen den Mahlzeiten trinkt man einen oder mehrere »kafedákia« oder klares Leitungs- oder besser Quellwasser zu einem Löffel Konfitüre, deren Zucker das Wasser an den Körper bindet. Ehe man den halb und halb unwilligen Magen dazu überlisten kann, zu den Hauptmahlzeiten konsistentere Speisen zu akzeptieren, muß man ihm schon einen Ouzo (Anisschnaps) anbieten, der häufig mit Eiswasser verdünnt wird und zu dem man ein Stück pikanten Käse oder eine Olive ißt, wenn nicht eine ausgesprochene Vorspeise (Mezédes), mit der man sich nicht selten sogar begnügt. Diese Vorspeisen spielen eine weit größere Rolle als in Deutschland. Das Naschhafte und Einleitende ihres Verzehrs wird daraus deutlich, daß vielfach dazu gar nicht jeder einen Teller erhält, sondern sich alle aus einer Schüssel oder von einer Platte bedienen. Ermöglicht wird das nicht zuletzt dadurch, daß Freunde, die zusammen ausgehen, nie getrennt bezahlen, sondern sich immer einladen, wobei es regelmäßig zum Streit darüber kommt, wer bezahlen darf. Dem Fremden gelingt es meist nur dadurch, daß er heimlich und rechtzeitig mit dem Kellner Abreden trifft.

Der Grieche ist gesellig und geht gern aus. Die Sommerhitze treibt ihn leicht aus dem Haus, vor allem in den größeren Städten. Da diese meist nahe am Meer liegen, das auch am Abend des heißesten Tages Luftbewegung und Kühle verspricht, streben überall Tischgesellschaften in überfüllten Taxis zur abendlichen Erholung in eine der zahllosen Tavernen am Meer. Die Athener lieben sehr Mikrolimano, früher Turkolimano, den alten Türkenhafen am Piräus, an dessen Kai sich eine Taverne an die andere reiht und jeweils den Nachbarn an leckeren Fischgerichten zu überbieten trachtet. Wer zu Haus bleibt, versucht, sich auf Balkons, Terrassen und in Gärten zu retten. Gemüse, Fisch, kalte Gerichte, gegrilltes oder mit Gemüse gekochtes Fleisch und vor allem Obst sind die Skala, auf die der Magen abgestimmt ist. Anbau- und Lagerungsmethoden für Obst und Gemüse verwischen allerdings die Grenze der sommerlichen Speisekarte zu der vom Frühjahr oder vom Winter mehr und mehr. Das sommerliche Mahl im Freien, im schwarzen Schatten des Mittags oder unterm Sternenhimmel des Abends, lockend mit seiner reichen Auswahl an frischen Gemüsen und Obst, ist eine Festung südlichen Charmes, welche die nivellierende Ernährungstechnik kaum je erobern wird.

Fleisch im Tonkrug
Kléftiko tis stámnas

Für 8 Personen
750 g Kalbsbraten, 500 g Lammbraten, 500 g Ziegenlammfleisch, 500 g Leber, Niere, Milz und Herz von Lamm und Kalb (gemischt), sehr wenig Speck, Salz, Pfeffer, Origano, ¾ Tasse Wasser, ¾ Tasse Öl, ½ Tasse Zitronensaft, 1 einfacher Tonkrug für 3 l Inhalt (Wasserkrug mit eher engem Hals)

Fleisch, Innereien und Speck zu kleinen Bissen schneiden, salzen, pfeffern. Reichlich mit Origano bestreuen. Alles gut umrühren (=vermischen). Mischung nach und nach in den Krug geben. Dann Wasser, Öl, Zitronensaft beifügen. Den Krug gut schütteln, so daß alles gut vermischt ist. Möglichst beim Bäcker den Krug langsam bakken lassen; die darauf eingestellten griechischen Bäcker lassen ihn ca. 4 Stunden im Ofen. Notfalls kann man den Krug auch im heimischen Elektroherd bei mäßiger Hitze backen. Die Öffnung des Kruges muß offen bleiben! Wenn die Bratzeit beendet ist, zerschlägt man den Krug am besten und serviert das Gericht mit Pommes frites und Salat.

Hinweis
Dieses Gericht wurde von den Frauen und Müttern der »Kléftes« (heute hießen sie Partisanen) in dem Befreiungskrieg gegen die Osmanenherrschaft (1821) erfunden. Die in den Bergen versteckten Männer mußten ja ernährt werden. So gingen die Frauen mit zweierlei Krügen zum Wasserbrunnen, die vollen mit dem Essen, die sie an vereinbarten Verstecken beließen, und die leeren, die sie wassergefüllt nach Hause brachten.

Lammfleisch mit grünen Bohnen
Foto

Arní me fassolákia fréska

1½ kg grüne Bohnen, 1½ kg Fleisch (Lamm, Kalb, Rind zum Braten), Salz, Pfeffer, ¾ Tasse Pflanzenfett, 2–3 feingeriebene Zwiebeln, 2 feingehackte Knoblauchzehen, 500 g frische Tomaten oder 1–1½ EL in 1 Tasse Wasser aufgelöstes Tomatenmark, 1 TL Zucker, 2 EL feingewiegte Petersilie

Die Bohnen sorgfältig abziehen, durchschneiden, waschen und im Sieb abtropfen lassen. Das Fleisch in große Würfel schneiden, salzen, pfeffern und mit dem Fett anbraten. Zwiebeln und Knoblauch dazugeben und weiterschmoren. Die gehäuteten, zerkleinerten Tomaten (oder das Tomatenmark), Zucker und etwas Wasser hinzufügen und alles 15 Minuten weiterkochen lassen. Die Bohnen ohne Wasser 5–10 Minuten in einem anderen Topf dünsten, bis sie hellgrün werden. Das Fleisch und seine Soße und Petersilie zu den Bohnen geben. Leise kochen, bis Fleisch und Bohnen weich sind und die Flüssigkeit fast verdunstet ist.
Auch eine Lammkeule (Seite 70) läßt sich zu grünen Bohnen zubereiten.

Fleisch und Teig-Reis im Backofen

Foto

Jouvétsi me kritharáki

1½ kg Lammkeule oder Schulterblatt vom Lamm, 1 große Dose geschälte Tomaten (ca. 500 g), klein geschnitten oder passiert, 3 EL Pflanzenfett, 1 TL Zucker, Salz, Pfeffer, 3 Tassen Kritharáki (Teig-Reis), mittelgroßkörnig (in griechischen Lebensmittelgeschäften erhältlich; wenn nicht, Onkel-Ben-Reis nehmen), 8–9 Tassen Fleischbrühe, 150 g geriebener Käse (Kefalotyri, mit Schweizer Käse oder Kasseri gemischt)

Das Fleisch in Portionen schneiden und gar kochen. Tomaten in einem Topf ohne Wasser weich werden lassen. Dann etwas Wasser hinzufügen, kochen lassen. 1½ EL Pflanzenfett, Zucker, Salz, Pfeffer hinzugeben. Weiter kochen, bis die Soße dick ist. Den Kritharaki in einem anderen Topf mit 1½ EL Pflanzenfett schmoren. Die Tomatensoße hinzufügen und ca. 5 Minuten kochen lassen. Das Fleisch in eine feuerfeste Form in die Mitte geben und den Kritharáki darumordnen. 6 Tassen von der heißen Fleischbrühe hineingießen. Bei mäßiger Hitze braten, wenn nötig, Fleischbrühe nachgießen, bis der Kritharáki gar ist und kaum Flüssigkeit übrig bleibt. Das Essen darf nicht trocken werden! Wie Nudeln mit geriebenem Käse servieren. (Bei Verwendung von Reis statt Kritharáki ebenso vorgehen.)

Lammfleisch mit Zucchini oder Auberginen

Arní me kolokitkákia

1½ kg Lamm- oder Kalbsbraten oder auch -rücken, etwas Salz, Pfeffer, 2 EL Mehl, 2 Tassen Pflanzenfett, 2–3 feingehackte Zwiebeln, 2–3 feingehackte Knoblauchzehen, ½ Tasse Weißwein, 500 g Tomaten oder 1½ EL in 1 Tasse Wasser aufgelöstes Tomatenmark, 1 TL Zucker, 2 EL feingehackte Petersilie, 1 Tasse Wasser, 1–1½ kg Zucchini oder Auberginen

Fleisch in große Würfel schneiden, waschen, trocknen, salzen, pfeffern, in Mehl wälzen. In ½ Tasse Fett schmoren lassen. Zwiebeln und Knoblauch dazugeben, weiterschmoren. Weißwein zugießen. Die Tomaten häuten, klein schneiden und mit dem Zucker, Petersilie und 1 Tasse Wasser dem Fleisch hinzufügen. 40 Minuten sachte kochen lassen.
Die Zucchini (Auberginen) waschen, mit dem Messer ein wenig abschaben (die Auberginen schälen bzw. häuten, 1 Stunde in Salzwasser legen, waschen, auspressen), in 2–3 cm dicke Scheiben schneiden. Leicht mit ½ Tasse Fett anbraten, salzen, pfeffern. Zucchini und Fett zum Fleisch geben, leise 30–40 Minuten kochen lassen.

Auberginenpastetchen

Bourekákia melidzánes

1 kg Auberginen, 2 EL Pflanzenfett, 1–2 feingeriebene Zwiebeln, 500 g Hackfleisch, Salz, Pfeffer, 1 Prise Zimt, 1 TL Zucker, 1 EL in 1 Tasse Wasser aufgelöstes Tomatenmark, 1 Tasse geriebener Käse, 1 EL feingewiegte Petersilie, 1½ Tassen dicke Béchamelsoße (Seite 29), 1 Paket tiefgekühlter Blätterteig oder Nudelteig (Seite 43), zerlassenes Pflanzenfett

Die Auberginen im Ganzen im Ofen grillen, heiß schälen, abtropfen lassen, im Mörser gut zerstoßen (oder mit dem Mixer). Fett und Zwiebeln andünsten, Hackfleisch dazugeben, weiterschmoren lassen. ½ Tasse Wasser, Salz, Pfeffer, Zimt, Zucker und Tomatenmark hinzufügen. Leise kochen, bis die Flüssigkeit verdunstet ist. Vor Ablauf der Kochzeit den Auberginenbrei hinzufügen und fertigkochen. Abkühlen. Käse, Petersilie und die Béchamelsoße beifügen.
Den Teig ausrollen, erst in lange Streifen, dann in Quadrate schneiden und mit zerlassenem Fett bepinseln. Die Füllung eßlöffelweise darauflegen und jeweils zu kleinen, dreieckigen Taschen in Teig einschlagen. Ränder gut andrücken. Auf ein bebuttertes Blech legen, die Pastetchen mit Fett bepinseln und 20–30 Minuten bei mäßiger Hitze backen. Als Vorspeise servieren.

Gefüllte Auberginen-»Zigarren«

Melidzánes poúra

3 große, runde Auberginen, Salz,
Öl zum Fritieren
Für die Füllung: 1 Zwiebel, 6 EL Öl,
500 g Hackfleisch, 1 EL Tomatenmark,
in 1 Tasse warmem Wasser aufgelöst,
1 Handvoll feingeschnittene Petersilie,
150 g geriebener Käse (Kefalotíri und
Schweizer Käse oder Kasséri),
1 TL Zucker, etwas geriebene
Muskatnuß,
2 EL Sherry oder Cinzano,
Salz, Pfeffer
Zum Begießen: 2 Eier, etwas Milch,
100 g geriebener Käse

Die Auberginen von Stiel, Blättern und der blauen Haut bestmöglich befreien, in ca. ½ cm dicke Scheiben schneiden, 1 Stunde in Salzwasser legen (damit sie nicht aufschwimmen, mit Deckel oder Teller beschweren), dann abwaschen und mit den Händen auspressen, auf Küchenkrepp legen. Die Auberginenscheiben in einer Pfanne beiderseits fritieren, bis sie weich werden.

Für die Füllung die Zwiebel schälen, reiben und in Öl rosig schmoren. Das Hackfleisch zufügen und weiterschmoren. Tomatenmark, Petersilie, Käse, Zucker, Muskatnuß, Sherry (oder Cinzano), Salz, Pfeffer hinzufügen und auf kleiner Flamme kochen lassen, bis sich eine dicke Soße ergibt. Auf jede Auberginenscheibe ca. 1 EL von der Füllung geben und zu einer »Zigarre« rollen. Nebeneinander in eine feuerfeste, längliche Form legen. Die Eier schlagen, mit etwas Milch verdünnen und über die Auberginen gießen, darüber den Käse streuen. Bei mäßiger Hitze ca. 30–40 Minuten im Ofen backen. Servieren.

Überbackene Auberginen mit Käse

Melidzánes me tirí sto foúrno

1 kg Auberginen, Salz,
Öl zum Ausbacken
Für die Soße: 1 feingeriebene
Zwiebel, 2 EL Pflanzenfett,
500 g Tomaten,
2 feingeschnittene Paprikaschoten,
Salz, Pfeffer, Muskat, 1 TL Zucker
125 g Schafs- oder Schweizer Käse,
1 TL zerriebenes Basilikum,
½ Tasse geriebener Parmesan,
4 hartgekochte Eier in Scheiben

Die geschälten Auberginen in längliche, ca. 1 cm dicke Scheiben schneiden, in Salzwasser 1 Stunde stehen lassen, waschen, trocknen, im heißen Öl schwimmend ausbacken.

Für die Soße die Zwiebel im Fett andünsten. Die gehäuteten, feingeschnittenen Tomaten und die Paprikaschoten hinzufügen. Salz, Pfeffer, Muskat, Zucker dazugeben und 20 Minuten mit etwas Wasser leise schmoren lassen.

In eine feuerfeste Schüssel eine Schicht Auberginen legen, Schafskäse zerdrücken und darüberstreuen (oder Schweizer Käse in feinen Scheiben darauflegen), die Hälfte der Soße, das Basilikum, den Parmesan und die Eierscheiben dazutun. Mit den restlichen

Auberginen zudecken, die andere Hälfte der Soße darauf verteilen. Im sehr heißen Ofen 10 Minuten, dann bei mittlerer Hitze weitere 30–40 Minuten backen.

Gebackene Auberginen I

Foto

Melidzánes tiganités

1½ kg Auberginen, Salz, Mehl, Öl

Die Auberginen geschält in längliche, ca. ½ cm dicke Scheiben schneiden, in Salzwasser 1 Stunde stehen lassen, waschen, trocknen. In Mehl wälzen und in heißem Öl schwimmend goldbraun backen. Mit Knoblauchsoße (Seite 30) servieren.

Gebackene Auberginen II

Melidzánes tiganités

Auberginen, Salz, 250 g Schafs- oder geriebener Schweizer Käse, 4 Eier, Paniermehl, Öl zum Backen

Wie unter I die Auberginen kurz (ohne sie in Mehl zu wälzen) backen. Schafskäse zerdrücken und mit 2 verquirlten Eiern gut mischen. Auf eine Auberginenscheibe löffelweise etwas von dieser Mischung verteilen, mit einer anderen zudecken. Die restlichen 2 Eier verrühren. Die Auberginen-Sandwiches durch die Eier ziehen, in Paniermehl wälzen und in heißem Öl goldbraun backen. Mit Tomatensoße (Seite 30) servieren.

Auberginen- und Fleischauflauf

Fotos

Melidzánes moussaká

1½ kg Auberginen (oder Zucchini oder in 1 cm dicke Scheiben geschnittene, gekochte Kartoffeln), Salz, 750 g Hackfleisch (gemischt), 2 feingeriebene Zwiebeln, ¼ Tasse Pflanzenfett, ½ Tasse süßer Wermutwein, 500 g Tomaten oder 2 EL in 2 Tassen Wasser aufgelöstes Tomatenmark, Pfeffer, 1½ TL Zucker, Muskat oder Zimt, 1 TL Origano, 3 EL feingewiegte Petersilie, 100 g geriebener Schweizer Käse, Öl zum Braten, 3 Tassen Béchamelsoße (Seite 29)

Die Auberginen waschen, in ca. 1 cm dicke Scheiben schneiden, 1 Stunde in Salzwasser stehen lassen, waschen, abtrocknen. Hackfleisch mit Zwiebeln im Fett schmoren. Wein zugießen. Gehäutete, feingeschnittene Tomaten,

Salz, Pfeffer, Zucker, Muskat, Origano, Petersilie und ½ Tasse Wasser zugeben und 45 Minuten leise dünsten, bis die ganze Flüssigkeit verdunstet ist. Die Auberginenscheiben (oder Zucchini- oder Kartoffelscheiben) in Öl goldbraun braten (besser ist es, sie schon am Abend vorher zu braten, so daß das Öl gut abgetropft ist). In eine Auflaufform oder Bratpfanne eine Schicht Auberginenscheiben ordnen, mit Käse überstreuen, das Hackfleisch gleichmäßig darüber verteilen, die restlichen Auberginen darauflegen, wieder Käse darüberstreuen und mit Béchamelsoße abdecken. In mäßiger Hitze 1–1¼ Stunden backen.

Hinweis
Man kann auch schichtweise Auberginen-, Zucchini- und Kartoffelscheiben verwenden.

Auberginenpüree mit Fleischgulasch
Chounkiár bejendí

1½ kg Kalbfleisch zum Braten,
2–3 feingeriebene Zwiebeln,
1½ Tassen Pflanzenfett,
1½ Tassen Weißwein,
500 g gehäutete, feingeschnittene Tomaten oder 1½ EL in 1 Tasse Wasser aufgelöstes Tomatenmark,
2 Lorbeerblätter, 1 TL Origano,
Salz, Pfeffer,
1 TL Zucker,
1½ kg dicke Auberginen,
1–2 EL Mehl, 1 Tasse Milch,
1½ Tassen geriebener Schweizer Käse

Fleisch in kleine Würfel schneiden. Mit Zwiebeln und ¾ Tasse Fett leicht anbräunen. Wein zugießen, schmoren. Tomaten, Lorbeerblätter, Origano, Salz, Pfeffer, Zucker und etwas Wasser dazugeben. Leise weich kochen lassen. Auberginen in mäßiger Hitze im Ofen grillen, heiß schälen, abtropfen lassen, entkernen und zu einem glatten Brei zerstoßen (oder mit dem Mixer quirlen).
Im Topf ¾ Tasse Fett und Mehl leicht anbräunen, langsam die heiße Milch zugießen, Salz und Käse dazugeben. Unter ständigem Rühren Auberginenbrei hinzufügen und einige Minuten kochen lassen. In der Mitte das Fleisch mit der Soße und als Kranz rundherum das Auberginenpüree servieren.

Gebratene Paprikaschoten
Piperiés tiganités

Paprikaschoten,
Essig,
2–3 Knoblauchzehen,
Öl zum Fritieren

Die Paprikaschoten waschen, von oben öffnen, Stiel und Kerne entfernen, gut abwaschen, je nach Größe der Länge nach in Viertel oder Achtel schneiden. 10–12 Minuten in Salzwasser kochen lassen, abtropfen. In der Pfanne schwimmend in Öl fritieren (mit Deckel, weil es stark spritzt). Nach Geschmack mit etwas Essig bespritzen und mit feingehacktem Knoblauch bestreuen. Servieren. Sehr gute Vorspeise.

Gebratene Paprikaschoten, gefüllt mit Käse
Piperiés tiganités me tirí

6 Paprikaschoten, 300 g Feta,
2–3 Eier, feingeschnittene,
breitblättrige Petersilie, Pfeffer,
2 EL Pflanzenfett, Öl zum Braten,
2 EL Essig, Salz

Die Paprikaschoten vorsichtig mit einem Messer mit einem Längsschnitt auf einer Seite öffnen und die Kerne entfernen. Gut abwaschen. Dann in Wasser in 10–12 Minuten halbweich kochen, abtropfen lassen. Den Feta mit den Fingern zerkrümeln, die (ganzen) geschlagenen Eier, feingeschnittene Petersilie, Pfeffer und das Pflanzenfett gut mischen. Die Paprikaschoten mit dieser Mischung füllen und in der Pfanne mit Öl bei mäßiger Hitze fritieren, mit Essig bespritzen. Nach Belieben salzen. Servieren.

Gefüllte Paprikaschoten, Tomaten oder Auberginen
Piperiés i domátes i melidzánes gemistés

750 g gemischtes Hackfleisch,
2 feingeriebene Zwiebeln,
¾ Tasse Pflanzenfett,
½ Tasse Weißwein, 2 TL Salz, Pfeffer,
2½ Tassen passierte Tomaten oder
2 EL in 1 Tasse Wasser
aufgelöstes Tomatenmark,
3 EL feingewiegte Petersilie,
1 TL Zucker, Muskat, 1 Tasse roher
Reis, 12 große Paprikaschoten
(Tomaten oder Auberginen)

Hackfleisch mit Zwiebeln in der Hälfte des Fettes schmoren. Wein zugießen, salzen, pfeffern. Die Hälfte der Tomaten, 1 Tasse Wasser, Petersilie, Zucker und Muskat dazugeben, 20–30 Minuten leise kochen. Reis beifügen, weiterkochen, bis die Flüssigkeit verdunstet ist.
Von den Paprikaschoten Deckel abschneiden, sorgfältig alle Kerne und Rippen entfernen, gut ausspülen, salzen und pfeffern, mit dem Hackfleisch füllen und mit den abgeschnittenen Deckeln verschließen. In die Bratpfanne die restlichen passierten Tomaten und Fett geben, die Paprikaschoten hineinordnen, 4 Tassen Wasser zugießen, bei mäßiger Hitze 1½ Stunden im Ofen schmoren. Öfter mit Soße übergießen, wenn nötig, löffelweise Wasser zugeben.
Auf die gleiche Art kann man große Tomaten füllen; dann verwendet man das Innere der Tomaten statt Tomatenmark. Oder Auberginen; deren Inneres fügt man, klein gehackt, der Füllung hinzu. Man kann auch gemischt Paprika, Tomaten und Auberginen füllen.

Variation für die Füllung
1 Tasse feingeriebene Zwiebeln in 1 Tasse Öl anbräunen. 1¼ Tassen passierte Tomaten, 2 Tassen Reis, 2 zerstoßene Knoblauchzehen, Salz, Pfeffer, 1 TL Zucker, 1 Prise Zimt, 1 Tasse feingewiegte Petersilie, ⅓ Tasse Korinthen, 1 Tasse Pinienkerne sowie ½ Tasse Wasser dazugeben. Weiter wie oben zubereiten.

Eier mit Tomaten und Paprikaschoten
Avgá me domátes ke piperiés

1 feingeriebene Zwiebel, 1 sehr fein gehackte Knoblauchzehe, 3 große, entkernte, kleingeschnittene Paprikaschoten, ½ Tasse Öl oder Pflanzenfett, 6–8 geschälte, entkernte, zerkleinerte Tomaten, 6 Eier, Salz, Pfeffer, Muskat, 2 EL feingewiegte Petersilie

Zwiebel, Knoblauch und Paprikaschoten in heißem Öl schmoren. Tomaten hinzufügen, zudecken, 30 Minuten weiterschmoren lassen. Eier mit Salz, Pfeffer und etwas Muskat schlagen und in die Soße geben, leicht umrühren. Weiter wie bei Rühreiern verfahren. Feingehackte Petersilie darüberstreuen. Mit Reis servieren.

Okra (Ladyfinger)
Bámies

1½ kg Okra, 4–5 EL Essig, Salz, 250 g enthäutete, passierte Tomaten aus der Dose, 1 EL Pflanzenfett, Pfeffer, 1 gestrichener TL Zucker, 7 EL Öl, 1 große, geriebene Zwiebel, 1½ EL feingehackte Petersilie

Mit einem kleinen, scharfen Messer die Stiele der Okras abschneiden und sie vorsichtig und nicht tief um den runden Stielansatz schälen, so daß die Haut nicht verletzt wird, denn sonst werden sie glitschig. In einer Schüssel die Okras mit Essig und ½ Glas Wasser übergießen und mit Salz bestreuen. Ca. 1 Stunde stehen lassen, wenn möglich an der Sonne. In einem ausreichend großen Topf die Tomaten (ohne Wasser) in ca. 10 Minuten weich werden lassen, das Pflanzenfett hinzugeben, aufkochen lassen. 1 Glas Wasser, Salz, Pfeffer, Zucker hinzufügen, leise kochen lassen, wenn nötig Wasser zugießen. Die Soße muß aber dicklich bleiben.
In einer Pfanne das Öl erhitzen, die Zwiebel beifügen und weich werden lassen. ½–1 Glas Wasser hinzugeben. Kochen lassen. Die Okras sehr gut waschen. In die Pfanne mit den Zwiebeln geben und vorsichtig ein wenig (5 Minuten) leicht schmoren lassen. Dann jede einzelne Okra in dem Topf, in dem die Soße gekocht hat, mit dem spitzen Ende zur Mitte dicht an dicht rundherum aufreihen, dann die Mitte auch auf die gleiche Art füllen. Eine zweite und dritte Schicht auf die gleiche Weise über der ersten anordnen. Schließlich die Petersilie darüberstreuen. 1 Glas Wasser zugeben. Die Okras im Topf mit einem sie ganz bedeckenden Teller (die Oberfläche nach unten) beschweren und zudekken. Auf leisem Feuer in 30 –45 Minuten gar kochen. Wenn nötig, ein wenig Wasser zugießen. Nie umrühren! Die Okras müssen ganz bleiben. Vorsichtig mit dem Schaumlöffel servieren.

Variationen
Okra mit Huhn: 1 Huhn, vorgekocht und in Portionen zerlegt, in der Tomatensoße 10 Minuten mitkochen lassen. Nachdem die Hühnerstücke aus dem Topf genommen wurden, um

den Okras Platz zu machen, weiter verfahren wie oben. Nach dem Einreihen der Okras in den Topf die Hühnerstücke wieder darauflegen, einen Teller mit der Oberseite nach unten darauflegen. Statt Wasser gibt man die entsprechende Menge Hühnerbrühe zu und läßt alles auf leisem Feuer 30–45 Minuten kochen.
Okra mit Entchen: Pro Person eine halbe kleine Ente gut waschen, salzen, pfeffern, in etwas Pflanzenfett anbraten, mit ½ Tasse Weißwein ablöschen. Das Ganze in die Tomatensoße geben und weich kochen. Dann weiter verfahren wie oben beim Huhn.

Gefüllte Zucchini
Gemistá kolokithákia

12 große Zucchini, 750 g gemischtes Hackfleisch, 2 feingeriebene Zwiebeln, ¾ Tasse Pflanzenfett, 6 geschälte, feingeschnittene Tomaten, Salz, Pfeffer, 1 TL Zucker, 3 EL Reis, 1 Tasse heißes Wasser, 2 EL feingewiegte Petersilie, Eier- und Zitronen-Soße (Seite 31)

Die Zucchini ein wenig abschaben, waschen, beide Spitzen abschneiden. Mit dem Stiel eines Teelöffels vom einen Ende her die Zucchini fast völlig aushöhlen, ein Ende muß aber verschlossen bleiben.
Hackfleisch und Zwiebeln in ½ Tasse Fett schmoren. Tomaten, Salz, Pfeffer, Zucker und das feingehackte Zucchinifleisch zugeben und 10–15 Minuten leise schmoren lassen. Reis, das heiße Wasser und Petersilie dazugeben, gut rühren und noch 10 Minuten kochen. Abkühlen. Die Zucchini füllen und kurz in dem restlichen Fett anbraten. Mit Wasser halb bedecken, ca. 35–45 Minuten zugedeckt sacht kochen lassen. Mit Eier- und Zitronen-Soße übergießen.

Gefüllte Zucchini »Kleine Schuhe«
Fotos

Kolokithákia papoutsákia

1½ kg Zucchini, 500 g gemischtes Hackfleisch, 4 feingeriebene Zwiebeln, 1 Tasse Pflanzenfett, 1 Tasse passierte Tomaten oder 1 EL in 1 Tasse Wasser aufgelöstes Tomatenmark, 1 EL feingewiegte Petersilie, 1 TL Zucker, Salz, Pfeffer, Muskat, ½–1 Tasse Süßwein, 1 Tasse geriebener Käse, 2 Tassen dicke Béchamelsoße (Seite 29)

Die Zucchini etwas abschaben, waschen, beide Spitzen ganz wenig abschneiden, 10–15 Minuten in Salzwasser kochen, abtropfen und erkalten lassen, längs halbieren. Mit einem Löffel das innere Fleisch entfernen.

Zucchini in eine Bratpfanne ordnen. Hackfleisch und Zwiebeln in der Hälfte des Fettes dünsten. Tomaten, Petersilie, das feingehackte Zucchinifleisch, Zucker, Salz, Pfeffer, Muskat und Süßwein hinzugeben. 30 Minuten leise kochen lassen, bis die Flüssigkeit verdunstet ist. Vom Feuer nehmen, Käse unterrühren, die halbierten Zucchini damit füllen.
In die Béchamelsoße 1 Prise Muskat und reichlich Käse mischen und die Zucchini eßlöffelweise damit überdecken. Etwas Käse darüberstreuen und das restliche zerlassene Fett darübergießen. Etwas Wasser in die Bratpfanne geben und das Gericht ca. 1 Stunde im Ofen überbacken.

Variation

Gefüllte Auberginen »Kleine Schuhe«:
Viel häufiger wird dieses Rezept mit Auberginen zubereitet. Doch werden die Auberginenhälften nicht gekocht, sondern in Öl angebraten.

Zucchini-Frikadellen
Kolokithokeftédes

1½ kg Zucchini, 2–3 Eier, 1 Tasse Paniermehl, 125 g geriebener Schweizer Käse oder Parmesan, 2 feingeriebene Zwiebeln, 2 EL Pflanzenfett, Salz, Pfeffer, Muskat, 2–3 EL feingewiegte Petersilie, Mehl und Öl zum Ausbacken

Die Zucchini etwas abschaben, waschen, in Salzwasser weich kochen, abtropfen lassen und gut zerdrücken. Alle Zutaten beifügen, gründlich mischen und zu Frikadellen formen. Wenn sie zu weich sind, in die Masse etwas Mehl geben. In Mehl wälzen und in heißem Öl schwimmend backen. Warm mit Tomatensalat servieren.

Grüne Bohnen mit Tomaten
Fassolákia fréska me domáta

1½ kg grüne Bohnen, 3 feingeriebene Zwiebeln, 1½–2 Tassen Öl, 500 g geschälte, feingeschnittene Tomaten, 1 TL Zucker, 2 Tassen Wasser, 2 EL feingewiegte Petersilie, Salz, Pfeffer, 2–3 mit etwas Öl fein zerdrückte Knoblauchzehen

Bohnen abziehen und der Länge nach halbieren, waschen, abtropfen lassen. In einen Topf legen und im eigenen Saft dämpfen, bis sie hellgrün werden. Zwiebeln in Öl schmoren. Tomaten, Zucker und Wasser beifügen, leise 10–15 Minuten kochen lassen. Mit Petersilie, Salz, Pfeffer zu den Bohnen geben, zudecken, leise weich kochen. Wenn nötig, etwas heißes Wasser zugießen. Vor dem Servieren das mit dem Knoblauch verrührte Öl darübergießen, umrühren, 1–2 Minuten mitkochen lassen.

Hinweis
Im Sommer wird dieses Gericht in Griechenland kalt als Hauptgericht mit Tomatensalat und Sardellen serviert. Sehr erfrischend.

Gemüse-Allerlei
Fotos

Briámi

500 g Auberginen, 500 g Zucchini, 500 g Kartoffeln, 1 kg Tomaten, 2–3 Paprikaschoten, Salz, Pfeffer, 3 feingeschnittene Zwiebeln, 3 EL feingewiegte Petersilie, 1 TL fein zerriebenes Basilikum, 1 EL feingewiegter Dill, 4 zerstoßene Knoblauchzehen, 1½–2 Tassen Öl, 1 Tasse heißes Wasser

Auberginen geschält in 1 cm dicke Scheiben schneiden, 1 Stunde in Salzwasser stehen lassen, auspressen. Zucchini abschaben, ebenfalls in 1 cm dicke Scheiben schneiden. Kartoffeln schälen, in 1 cm dicke Scheiben schneiden. Die Hälfte der Tomaten schälen und zerkleinern. Die entkernten Paprikaschoten gut waschen und fein schneiden. Alles in eine Bratpfanne legen, salzen, pfeffern, Zwiebeln, Petersilie, Basilikum, Dill und Knoblauch darüberstreuen. Die restlichen Tomaten in Scheiben schneiden und darüberlegen. Mit Öl und Wasser übergießen. Mit Alufolie abdecken und bei mäßiger Hitze 1½–2 Stunden im Ofen überbacken, zwischendurch umrühren. ½ Stunde vor Ende der Backzeit die Alufolie entfernen. Warm oder auch kalt servieren. Mit Joghurt oder Sadziki (Seite 109) essen.

Miesmuscheln mit Reis

Mídia piláfi

1½ kg Miesmuscheln mit Schalen oder 2 Dosen Muschelfleisch (Brühe abgießen, in reichlich kaltem Wasser spülen), 2 feingewiegte Zwiebeln, 1 Tasse Öl, ½ Tasse Pflanzenfett, ½ Tasse Weißwein, 1 EL in etwas Wasser aufgelöstes Tomatenmark, feingewiegte Petersilie, Salz, Pfeffer, 1 Prise Zimt, 1 TL Zucker, 2½ Tassen roher Langkornreis

Die Muscheln (wenn nicht aus der Dose) mit einem kleinen Messer abschaben, gut waschen und mit ganz wenig Wasser dämpfen, bis sie sich öffnen. Fleisch herausnehmen, Brühe passieren. Zwiebeln in heißem Öl und Fett leicht dünsten, Muschelfleisch dazugeben, einige Minuten schmoren lassen. Wein dazugießen, Tomatenmark, Petersilie, Salz, Pfeffer, Zimt und Zukker beifügen. 10–15 Minuten kochen lassen, dann die passierte Brühe und heißes Wasser, insgesamt 4½ Tassen, hinzugeben. Wenn es wieder zum Sieden kommt, Reis hineintun, einmal umrühren, zudecken und bei leisem Feuer in etwa 20 Minuten gar kochen. Vom Feuer nehmen, mit einer Serviette zudecken, 5 Minuten stehen lassen und servieren.

Gebackene Miesmuscheln

Mídia tiganitá

Miesmuscheln, Zitrone, Salz, Pfeffer, 2 Eier, 5–6 EL Milch, ⅓ Tasse Mehl, 1 TL Backpulver, Öl zum Ausbacken

Die Muscheln vorbereiten wie oben, waschen, abtropfen lassen, mit Zitronensaft beträufeln, salzen und pfeffern. Alle anderen Zutaten zu einem glatten Teig verrühren. Jeweils 2 – 3 Muscheln zusammen hineintauchen. In heißem Öl schwimmend ausbacken. Auf Küchenkrepp legen, bevor sie als Vorspeise serviert werden.

Variation
Jeweils 2–3 Muscheln zusammen in Mehl wenden, in verquirltes Ei tauchen und in Paniermehl wälzen. In heißem Öl schwimmend ausbacken.

Griechische Bouillabaisse

Kakaviá

¾ kg verschiedene Sorten kleinerer Fische und 1 großer Fisch (auch ca. ¾ kg schwer), Salz, Pfefferkörner, Petersilie, 1–2 Lorbeerblätter, einige Sellerieblätter, 3–4 Möhren, etwas Fenchel, 3–4 feingeriebene Zwiebeln, 2 feingeriebene Knoblauchzehen, 1½ Tassen Öl, 2–3 geschälte, zerkleinerte Tomaten, 1 EL Mehl, 1 Tasse Weißwein, 1 kleiner Hummer, einige Krabben, einige kleine Kartoffeln, 1 EL Safran, Eier- und Zitronen-Soße (Seite 31)

Fische schuppen, ausnehmen, waschen. Die kleineren 45 Minuten (bis sie zu einem Brei werden) mit Salz, Pfefferkörnern, Petersilie, Lorbeer, Sellerieblätter, Möhren und Fenchel kochen. Zwiebeln und Knoblauch in Öl schmoren, Tomaten dazugeben, Mehl

unterrühren und etwas weiterkochen. Die Fischbrühe passieren (Fisch und Gemüse sollen durch ein feines Sieb gedrückt werden). Fischbrei, Wein und – wenn nötig – Wasser zu den Tomaten geben, die Suppe zum Kochen bringen. Hummer, Schwanz an den Leib gebunden, Kopf voraus in die Suppe geben. Krabben, den großen Fisch und die Kartoffeln hinzufügen, 25–30 Minuten kochen. Hummer, Krabben und großen Fisch aus der Suppe herausnehmen. Diese mit Safran würzen, nochmals kurz kochen, vom Feuer nehmen. Eier- und Zitronen-Soße unterrühren.
Hummer und Krabben aus den Gehäusen lösen (Seite 55). Von dem Fisch Haut und Gräten entfernen. Mit den gekochten Kartoffeln und Mayonnaise oder Öl- und Zitronen-Soße (Seite 29) servieren.

Rotbarben mit Zitrone

Foto

Barboúnia lemonáta

*1½ kg große Rotbarben,
Salz, 5–6 EL Mehl,
⅔–1 Tasse Pflanzenfett,
Pfeffer, Saft von 2–3 Zitronen,
Petersilie*

Die Fische schuppen, waschen, abtrocknen, salzen und in Mehl wälzen. Das Fett zerlassen und in eine längliche, feuerfeste Schüssel gießen. Die Fische hineinlegen, im Fett umdrehen, pfeffern, mit dem Zitronensaft begießen. Ein Pergamentpapier mit Fett bepinseln und die Fische damit ganz zudecken. Bei mäßiger Hitze im Ofen braten. Mit Salzkartoffeln servieren und mit dem Saft, in den feingewiegte Petersilie gegeben wird, übergießen.

Überbackener Fisch

Fotos

Psári foúrnou à la spetsióta

1½ kg großer Fisch in Scheiben,
Salz, Pfeffer,
Saft von 1 Zitrone,
750 g geschälte, geschnittene Tomaten,
1½ Gläser Weißwein,
2 TL Zucker,
3–4 fein zerstoßene Knoblauchzehen,
1½–2 Tassen Öl,
1 Tasse Paniermehl,
⅓ Tasse feingewiegte Petersilie

Fisch schuppen, waschen, trocknen, salzen, pfeffern, in eine mit Öl bepinselte, feuerfeste Form legen, mit Zitronensaft beträufeln. Die Tomaten 20 Minuten mit Wein, Zucker und Knoblauch schmoren, passieren und mit dem Öl über den Fisch gießen (oder die Hälfte der Tomaten als Scheiben auf den Fisch legen, die andere Hälfte als Soße eingießen). Paniermehl, Salz, Pfeffer und Petersilie darüberstreuen und das Gericht bei mäßiger Hitze im Ofen 40–50 Minuten dünsten. Ab und zu mit der Soße übergießen.

Fisch mit Mayonnaise

Psári majonésa

1 kg Meerbrassen oder anderer großer Fisch, ½ kg Zahnbrassen,
½ kg große Garnelen,
1 Zucchini,
3–4 Möhren,
1 Knolle Sellerie mit Blättern,
Salz, 3–4 EL Öl,
Saft von 1½ Zitronen,
Mayonnaise (Seite 29), Paprika,
1 TL Pfeffer,
Pudersenf, Petersilie,
rote Rüben,
saure Gurke,
Kapern zum Garnieren

Zucchini abschaben und in runde Scheiben schneiden, Möhren und Sellerie säubern, alles in 1 cm lange Stükke schneiden und in Salzwasser mit dem Öl kochen. Die gesäuberten, gesalzenen Fische mit dem Saft von ½ Zitrone beträufeln und weich kochen lassen. Die Garnelen gesondert in Salzwasser kochen. Das Gemüse pürieren und in einer Schüssel belassen. Den Fisch von Haut und Gräten, die Garnelen von den Schalen befreien, beides in große Stücke schneiden. Das Gemüse, die Fische und die Garnelen mit Salz, etwas Paprika, Pfeffer, Pudersenf nach Geschmack und dem Saft von 1 Zitrone mit der Hälfte der Mayonnaise gut mischen. Diese Fischmasse auf einer länglichen Platte so formen, daß sie den Umriß eines Fisches hat. Mit dem Rest der Mayonnaise überdecken. Mit Petersilie, roter Rübe, saurer Gurke und Kapern garnieren. Servieren.

Fisch mit Tomatensoße
Psári jachní

1½ kg Fisch (Kabeljau oder Schellfisch), Saft von 1–2 Zitronen, Salz, 2 Tassen feingeschnittene Zwiebeln, 2 feingehackte Knoblauchzehen, 1½–2 Tassen Öl, 1½ Tassen Weißwein, 500 g Tomaten oder 1½ EL in 1 Tasse Wasser aufgelöstes Tomatenmark, 2 EL feingewiegte Petersilie, 2 EL feingewiegter Dill, 1 TL Zucker, Pfeffer, 2–3 EL Paniermehl

Hierfür verwende man einen großen Fisch (ganz oder in Scheiben). Fisch schuppen, waschen, in Scheiben schneiden, reichlich mit Zitronensaft beträufeln, salzen. In eine Bratpfanne legen. Zwiebeln und Knoblauch im Öl schmoren, Wein zugießen. Tomaten schälen und zerkleinern, Petersilie, Dill und Zucker hinzufügen, 15 Minuten dünsten, über den Fisch gießen, pfeffern, Paniermehl darüberstreuen, leise bei mäßiger Hitze im Ofen braten. Kalt servieren.

Fisch à l'oriental
Psári krío oriental

1½ kg großer Fisch, Mehl, Öl, 3 Zwiebeln in dünnen Scheiben, 3–4 Möhren in feinen Scheiben, Salz, Pfeffer, 2 TL Zucker, 2–3 EL Essig, 1½ Tassen passierte Tomaten oder 1½ EL in 1 Tasse Wasser aufgelöstes Tomatenmark, 1½ Tassen Weißwein, Kapern, grüne Oliven, 2 EL feingewiegte Petersilie, Zitrone

Fisch schuppen, waschen, trocknen, in Scheiben schneiden, in Mehl wälzen, in Öl braten, auf eine Platte ordnen. Pfanne waschen, Zwiebeln und Möhren in ½ Tasse Öl schmoren, 1 EL Mehl unterrühren, salzen, pfeffern, Zucker hinzufügen, 1–2 Minuten dünsten. Essig, Tomaten und Wein dazugeben, ca. 15–20 Minuten sehr leise kochen. Kapern und entkernte Oliven beifügen. Mit dieser Soße den Fisch übergießen und ausgekühlt einige Stunden im Kühlschrank kalt stellen. Mit Petersilie und Zitronenscheiben garnieren.

Marinierter Fisch
Psári marináto

Alle kleineren Fische, z. B. Heringe, Rotbarben, Makrele, sind hierfür geeignet. Sie können mariniert tagelang aufbewahrt werden.

1½ kg Fisch, Zitronensaft, Mehl, Salz, Pfeffer, 1½–2 Tassen Öl, ¼ Tasse Essig, 1 Tasse Weißwein, 1½ Tassen passierte Tomaten oder 1½ EL in 1 Tasse Wasser aufgelöstes Tomatenmark, 1 Tasse Wasser, 3–4 Lorbeerblätter, Rosmarin, 2–3 grobgewiegte Knoblauchzehen, 1 TL Zucker

Fische schuppen, waschen, mit Zitronensaft beträufeln. Mehl, Salz und Pfeffer mischen, die Fische darin wälzen und in heißem Öl schwimmend braten. Auf eine Platte oder in einen emaillierten Topf legen. Das Öl passieren und wieder in die gewaschene

Pfanne gießen, erhitzen, 4 EL Mehl hinzufügen und rühren, bis es bräunt. Essig, Wein, Tomaten und Wasser dazugeben. Lorbeerblätter, Rosmarin, Knoblauch, Salz, Pfeffer und Zucker in die Soße geben, etwa 20 Minuten kochen. Die Gewürze entfernen, die Soße passieren. Die Fische mit Rosmarin bestreuen, in die Soße legen und einige Minuten, ganz von der Soße bedeckt, kochen. Abkühlen lassen. Kalt servieren.

Gemischte Meeresfrüchte aus der Kasserolle

Anámikta thalassiná katsarólas

Je ½ kg Kalamáre (große), Garnelen (entschalt) und Miesmuscheln (entschalt und gesäubert), 8 EL Öl, Mehl, 3 reife Tomaten (oder 1 kleine Dose ganze, geschälte Tomaten), Salz, Pfeffer, 2 in Stücke geschnittene Paprikaschoten, feingeschnittene Petersilie, 2 Weingläser Weißwein, ½ Weinglas Sherry oder Wermut, 150 g zerdrückter Féta (griechischer weißer Käse)

In einer Kasserolle Öl erhitzen. Die Kalamáre in große Stücke schneiden, in Mehl wälzen und in der Kasserolle rosig werden lassen. Die Tomaten klein schneiden oder grob raspeln und hinzugeben, außerdem Salz, Pfeffer und etwas Wasser. So lange kochen, bis die Tomaten weich sind und nur noch die Soße bleibt. Dann die Garnelen, Paprikaschoten und Petersilie hinzufügen. Weiterkochen lassen, bis die Garnelen rötlich werden; wenn nötig, noch etwas Wasser zugeben. Schließlich die Muscheln, Wein und Sherry hinzugeben, 5–10 Minuten kochen lassen. Den Féta hinzufügen und ein wenig mitkochen lassen, bis die Soße cremig wird. Mit Salat servieren.

Krabbensalat

Garidosaláta

300 g (oder mehr, je nach Geschmack) gekochte Garnelen oder Krabben bzw. tiefgekühlte gekochte Garnelen, 4 hartgekochte Eier (bis auf einige Scheiben für die Dekoration klein geschnitten), 1 Kopfsalat, ½ kleiner Weißkohlkopf, 2 EL Petersilie, saure Gurken und Kapern nach Geschmack, Öl- und Zitronen-Soße (Seite 29) oder Mayonnaise (mit 2 Eiern, Seite 29)

Alle Zutaten – Frischgemüse gewaschen – fein schneiden und mit den Garnelen gut mischen. Die gewünschte Soße darübergießen, gut umrühren. Mit Gurkenscheiben, Kapern und Eischeiben garniert servieren.

Gurken in Quark-Joghurt

Sadzíki

*250 g Sahnequark und 1 Becher Joghurt, 6 sehr fein zerstoßene Knoblauchzehen, Salz,
2 EL feingewiegter Dill, 2 EL Öl,
2 Handvoll fein zerstoßene Nüsse,
1 feingeschnittene, frische Gurke (vorher salzen, Wasser abgießen)*

Alles vermischen und kalt stellen.

Bauernsalat

Foto

Choriátiki saláta

750 g Tomaten, 1 frische Gurke, 2 Paprikaschoten, 125 g Schafskäse, 1–2 in feine Scheiben geschnittene Zwiebeln, Salz, 1 Handvoll Oliven, Kapern, 1 EL Origano, 3 hartgekochte Eier in feinen Scheiben, einige zerkleinerte Sardellen, Öl- und Essig-Soße (Seite 29)

Tomaten und Gurke in dickere Scheiben, die entkernten Paprikaschoten in kleine Streifen, Schafskäse in kleine Würfel schneiden. Zwiebelscheiben zunächst mit einer Handvoll Salz mischen, mit der Hand kräftig zusammendrücken, danach mit viel Wasser abwaschen. Nun erst zu den restlichen Zutaten geben. Mit Öl- und Essig-Soße übergießen.

Auberginensalat

Melidzánosaláta

4–5 große Auberginen, Salz, 1–2 Zitronen, 2 dicke Scheiben altbackenes, eingeweichtes und gut ausgepreßtes Weißbrot (ohne Kruste), 1½ sehr fein geriebene Zwiebeln, 1 TL Origano, 2 Handvoll fein zerstoßene Nüsse, 2 Eigelb, ca. 2 Wassergläser Öl, Pfeffer, 1 TL Zucker, 3 EL feingewiegte Petersilie

Die Auberginen im Ganzen bei mäßiger Hitze auf dem Grill ca. 40–50 Minuten gar braten. Noch heiß schälen und in Salzwasser legen, dem der Saft von 1 Zitrone beigegeben ist. Abtropfen lassen, gut abtrocknen, die Kerne entfernen.
Mit dem Mixer (oder im Mörser) Weißbrot, Zwiebeln, Origano und Nüsse zu einem Brei quirlen. Die Auberginen und die beiden Eigelb hineingeben und wieder gut quirlen. Dann wie bei Mayonnaise fortfahren: langsam, unter ständigem Rühren Öl zugeben und zum Schluß Zitronensaft, Salz, Pfeffer, Zucker. Mit Petersilie garnieren. Als Vorspeise reichen.

Milchreis

Risógalo

6 EL Reis, Zimtstange, Zitronenschale, 2 Tassen Wasser, 6 Tassen Milch, 1 EL Speisestärke, ¾ Tasse Zucker, 3 Eigelb, Vanillinzucker, Zimt

Reis 15 Minuten mit Zimtstange, etwas abgeschälter Zitronenschale und dem Wasser leise kochen. Die Milch zugießen und sacht weitersieden lassen, bis die Flüssigkeit cremig wird. Speisestärke mit 4 EL Wasser glatt anrühren und mit dem Zucker dazugeben. Einige Minuten mitkochen lassen, vom Feuer nehmen. Die Eigelb gut schlagen, darunterziehen und unter ständigem Rühren 15 Minuten im Wasserbad dick werden lassen. Vom Wasserbad nehmen, Zitronenschale entfernen, Vanillinzucker hinzufügen. Auf Tellern servieren, mit etwas Zukker und reichlich Zimt bestäubt. Die Speise darf nicht sehr steif sein, da sich der Milchreis beim Abkühlen verdickt.

Cremekuchen in Teigblättern

Foto

Galatoboúreko

1 kg tiefgekühlte Teigblätter oder tiefgekühlter Mürbe- bzw. Blätterteig, 6 Eigelb, 1 Tasse feiner Grieß, 1 Tasse Zucker, 6 Tassen Milch, 1 Päckchen Vanillinzucker, 1 Tasse Pflanzenfett oder Butter
Für den Sirup: 2 Tassen Zucker, 1 Tasse Wasser, 1 TL Zitronensaft

Den Teig nach dem Auftauen in 8–10 Stücke teilen und auf einem entsprechend großen Backblech zu dünnen Blättern ausrollen. In einem Topf Eigelb, Grieß und Zucker mit dem Mixer so lange rühren, bis die Masse glatt und cremig wird. Nach und nach unter weiterem Rühren langsam die Milch beifügen. Den Topf auf das Feuer setzen und unter ständigem Rühren die Creme eindicken. Zum Schluß den Vanillinzucker beifügen. Vom Feuer nehmen.

Die Hälfte der Teigblätter, eines nach dem anderen, mit der zerlassenen Butter bepinseln, in eine tiefere, gut ausgebutterte Pfanne glatt übereinanderlegen und die Ränder ein wenig überhängen lassen. Die Creme gleichmäßig darauf verteilen. Nun die restlichen Blätter, gleichfalls eines nach dem anderen, mit zerlassener Butter bepinselt darauflegen. Die überhängenden Blattränder nach innen klappen und so den Kuchen gut verschließen. Wenn Butter übrig blieb, darüber verteilen. Mit einem scharfen Messer vorsichtig den Kuchen bis zu den untersten Blättern hindurch in viereckige Portionen schneiden. Im mäßig heißen Ofen ca. 45 Minuten backen, bis die Blätter goldgelb sind.
Inzwischen für den Sirup die Zutaten 7–8 Minuten kochen lassen. Den fertiggebackenen Kuchen aus dem Ofen nehmen, kalt werden lassen. Mit dem heißen Sirup übergießen, kalt werden lassen. Servieren.

Nußkuchen mit Aprikosen
Karidópita me veríkoka

6 Eier,
1 Tasse Zucker,
abgeriebene Schale und
Saft von 1 Orange,
1 TL Zimt,
½ Tasse ungezuckerter,
feingestoßener Zwieback,
1 Tasse gemahlene Nüsse,
Pflanzenfett oder Butter für die Form,
15 Aprikosen (frisch oder aus
der Dose),
Schlagsahne

Das Eiweiß steif schlagen. In einer Schüssel mit der Gabel oder aber mit dem Mixer die Eigelb mit dem Zucker cremig schlagen. Orangenschale und -saft, Zimt, Zwieback und löffelweise die Nüsse hinzufügen, gut mischen. Das Eiweiß unterziehen. Die Masse in eine glatte, ausgefettete Springform gießen, bei mäßiger Hitze ca. 40 Minuten im Backofen backen. Aus dem Ofen nehmen. Die halbierten und entkernten Aprikosen darauflegen. Weitere 15 Minuten backen. Herausnehmen und mit Schlagsahne servieren.

Konfitürenkuchen
Pásta flóra

⅔ Tasse frische Butter oder Margarine,
½ Tasse Zucker, 1 ganzes Ei und
1 Eigelb, 5 EL Weinbrand,
abgeriebene Zitronen- oder
Orangenschale, 2 Tassen Mehl,
250 g beliebige Konfitüre,
je 150 g feingeschnittenes Zitronat
und Orangeat, verquirltes Eiweiß

Butter und Zucker kräftig schaumig rühren. Ei und Eigelb hinzufügen, schlagen. 1 EL Weinbrand, Zitronenschale und langsam das gesiebte Mehl hinzugeben, Teig kneten. Mit ⅔ des Teiges eine gebutterte Kastenform knapp bis zur Hälfte füllen. Konfitüre, Zitronat und Orangeat mit 4 EL Weinbrand gut mischen und gleichmäßig auf den Teig verteilen. Den übrigen Teig zu fingerbreiten Streifen rollen und als Gitter auflegen. Mit Eiweiß bepinseln, bei mäßiger Hitze 50–60 Minuten backen.

Grießkuchen mit Sirup
Ravaní

1 Tasse Mehl, 3 TL Backpulver, 2 Tassen Grieß, 2 Päckchen Vanillinzucker, 1 Tasse Pflanzenfett oder Butter, 1 Tasse Zucker, abgeriebene Zitronenschale, 5 Eier, 1 Tasse Milch, 1 Tasse geröstete, gehackte Mandeln
Für den Sirup: 3½ Tassen Zucker, 3½ Tassen Wasser, Saft von ½ Zitrone

Mehl und Backpulver sieben, mit Grieß und Vanillinzucker mischen. Fett mit Zucker schaumig schlagen, Zitronenschale und die verquirlten Eigelb hinzugeben. Milch und Mandeln beifügen. Eiweiß zu festem Schnee schlagen und mit der Mehlmischung abwechselnd löffelweise in den Teig rühren. In eine ausgebutterte, viereckige Bratpfanne füllen, bei mäßiger Hitze im Ofen ca. ¾–1 Stunde backen. Die Zutaten für den Sirup 10–15 Minuten kochen, abschäumen, kochend auf den lauwarmen Kuchen gießen, abkühlen lassen und diesen in große Würfel schneiden. Beliebig mit oder ohne Sahne servieren.

Kleine Krapfen
Loukoumádes

500 g Mehl, 1 walnußgroßes Stück Hefe, in ½ Tasse lauwarmem Wasser gelöst, 2 Gläser lauwarmes Wasser, ¾ l Öl zum Fritieren, 1 Tasse gehackte Nüsse, Zimt
Für den Sirup: Je 1 Wasserglas Zucker, Honig und Wasser

Erst den Sirup vorbereiten. Dazu Zucker und Honig mit dem Wasser ca. 10 Minuten kochen. Erkalten lassen. Beiseite stellen.
Das Mehl in eine Schüssel geben, in der Mitte ein Loch formen, die aufgelöste Hefe langsam zugeben und gleichzeitig mit dem Mehl verrühren. Das lauwarme Wasser zugießen und den Teig mit der Hand ca. 10 Minuten kneten, bis er glatt ist. Den Backofen ca. 3 Minuten ganz schwach anheizen, ausschalten, den Teig für 30 Minuten hineinschieben und aufgehen lassen. Mit einem Teelöffel aus dem Teig walnußgroße Kugeln abstechen, schwimmend backen, bis sie mittelbraun sind. Mit dem Schaumlöffel herausnehmen, in den Sirup, der Zimmertemperatur haben muß, eintauchen und mit Nüssen und Zimt überstreuen.

Zuckermelonensalat
Foto
Pepóni saláta

2–3 kg Zuckermelonen,
einige Pfirsiche,
Birnen,
Aprikosen,
Trauben,
geschälte Mandeln,
2 Weingläser Maraschino oder Weinbrand,
einige EL Zucker

Die Melonen quer halbieren, die Rundungen etwas abschneiden, so daß die Melonenhälften stehen können, entkernen und vorsichtig das Fleisch herausschneiden. Melonenfleisch und

das übrige geschälte Obst klein schneiden. Mandeln, Maraschino und Zucker hinzufügen und alles gut vermischen. Die Melonenschalen damit füllen, auf Eisstückchen legen und im Kühlschrank 1 Stunde stehen lassen.

Variation

Man kann statt Obst Speiseeis nehmen und füllt dann abwechselnd in die Melonenschalen eine Schicht Eis, eine Schicht zerkleinertes Melonenfleisch.

Obstgelee

Foto

Gelée froúton

2 Tassen siedendes Wasser, 1½ Tassen Zucker, 1–2 Orangen (äußere und innere Schale sorgfältig entfernen), 15 Blätter Gelatine, je 1 Tasse Orangen- und Zitronensaft, 1 Tasse trockener Wermut oder Sherry, ½ Tasse Weinbrand, verschiedene Sorten feingeschnittenes Obst

Wasser mit Zucker und der äußeren, gelben Schale von 1 Orange kochen. Gelatine in kaltem Wasser einweichen, ausdrücken, zum kochenden Zuckerwasser geben und völlig auflösen. Vom Feuer nehmen, abkühlen (wenn notwendig, passieren). Orangen- Zitronensaft, Wermut und Weinbrand dazugeben. Ein wenig von der Flüssigkeit in eine kalt ausgespülte Napfkuchenform gießen, in den Kühlschrank stellen, steif werden lassen. Mit Orangenscheiben und anderem Obst garnieren. Wieder etwas von der Gelatine-Flüssigkeit zugießen und steif werden lassen und so weiter, bis Obst und Gelatine aufgebraucht sind. 24 Stunden kühl stellen. Die Form kurz in heißes Wasser eintauchen, stürzen, servieren.

Schokoladencreme

Kréma sokoláta

150 g bittere Schokolade, 5 Eier, 3½ gestrichene EL Puderzucker, ¼ l Sahne, 2 EL Weinbrand

Die Schokolade in einer Schüssel im Wasserbad schmelzen lassen. Die Eigelb mit dem Puderzucker 15–20 Minuten mit dem Mixer schlagen, in den Kühlschrank stellen. Das Eiweiß und die Sahne getrennt steif schlagen. Löffelweise die Eigelbmasse in die Schokolade geben und verrühren, Weinbrand hinzufügen. Schließlich löffelweise abwechselnd den Eischnee und die Schlagsahne gut untermischen. Die Creme über Nacht, mindestens aber 6–8 Stunden vor dem Servieren in den Kühlschrank stellen.

Vom griechischen Mahle sagten wir, es erfülle sich in der Dreifaltigkeit von Wort, Speise und Trank. Daher wir noch dem Retsína ein Wort schulden, dem harzinierten Wein, der sich allem zum Begleiter empfiehlt, dem Fleisch und Fisch, dem Käse und Salat. Man trinkt ihn weiß oder »kokkinélli« (rosé), und am intensivsten teilt er sein Aroma in der Keller- bzw. Tavernentemperatur mit. Das Altern bekommt ihm nicht, er will im Jahr seiner Erzeugung getrunken werden.
Ein gemäßigter Chauvi würde sagen: Mit den guten Dingen ist es wie mit den guten Frauen – sie ergeben sich nicht bei der ersten Bekanntschaft, man muß sich lange um sie mühen und die Häufigkeit der Begegnung pflegen, ehe sie sich enthüllen. So auch verhalte man sich im Umgang mit dem Retsína, der seinen Namen vom beigesetzten Harz der Aleppo- bzw. Strandkiefer hat. Ursprünglich, in der Antike, diente es wohl zum luftdichten Verpichen der Amphoren oder des Ziegenschlauches, darin man ihn beförderte, zur Verhinderung der Nachgärung, des Essigstichs und der Oxidation im heißen Klima. Zum Teil verbindet sich das Harzöl mit dem Alkohol, zum anderen schwimmt es im Faß als dünner Film auf dem Wein (die Italiener verwenden zum gleichen Zweck Olivenöl). Mythologen wie Père Dumas bringen den Retsína in Zusammenhang mit dem Kult des Weingottes Dionysos, unter dessen Attributen der Thyrsosstab mit harzhaltigen Kienäpfeln behängt war.
Nach anderer Version geht der Retsína auf die Alkoholfeindschaft der islamischen Türken zurück: Sie wollten auch den von ihnen unterworfenen Hellenen (15.–19. Jahrhundert) den Genuß des Weines durch den Zusatz des Harzes vergällen – mit totalem Mißerfolg, sie soffen ihn trotzdem, geradezu aus patriotischer Opposition.
Wie immer, des Harzes bedarf der Wein längst nicht mehr, aber man hat sich nun einmal an seine würzige Beize gewöhnt – das technische Mittel verwandelte sich in den geschmacklichen Selbstzweck. Es wird während der Gärung dem Most beigesetzt, in einer Menge von etwa 3 kg Harz auf 1000 kg Wein, d. h. 3 Gramm auf 1 Liter, um beim ersten Umfüllen zusammen mit der Weinhefe wieder abgeschöpft zu werden. – Die Originalmethode aber ist den Spezialisten der Insel Sikinos vorbehalten, die im September, sobald die Zeit des neuen Weines gekommen ist, »ihr« Viertel in Athen beziehen. Von dort suchen sie die Tavernen auf, die am altbewährten Verfahren festhalten, waschen die Fässer aus und reiben deren Innenwände mit Pinienzweigen und Rosmarin gründlich ein. Das Holz inhaliert das Aroma und teilt es dem Wein mit.
Dem Fremden mag der Retsína bei der allerersten Begegnung nach aufgelöster Zelluloidpuppe schmecken oder, laut Victor Auburtin, nach verflüssigtem Weihnachtsbaum. Beim fünften Mal kommt er allmählich hinter seine Süffigkeit, und nach der zehnten Probe kann er nicht mehr von ihm lassen. Doch gibt es Talente des kürzeren Weges, ja sogar der Liebe auf den ersten Schluck; andererseits fehlt es nicht an vorzeitigen Kapitulan-

Reben, die fast wild über dem Boden wachsen.

ten noch an ganz und gar hoffnungslosen Fällen. Jedenfalls bewährt sich der Retsína als Kriterium für den Ausländer: Wie er sich nach einer gewissen Schonfrist schließlich entscheidet, für oder gegen ihn, daran offenbart sich, ob ihn Griechenland angenommen hat oder nicht.
Vom Geschmack abgesehen, hält der Hellene dem Retsína nicht ohne guten Grund die Treue, dient er doch gleichermaßen als Prophylaktikum und Therapeutikum gegen die ölüppige Zubereitung der Mahlzeiten, die dem Eigentümer übersensibler Innereien Niagara-Reaktionen bescheren kann. Vielleicht erklärt sich seine Bekömmlichkeit daraus, daß das Harz im Wein den Zusatz künstlicher Chemie zur Stabilisierung und Konservierung erübrigt, wie er ansonsten meist üblich geworden ist. Vor allem aber ist der Retsína der sozialste aller Alkoholika: Er löst, beschwingt, beseligt, ohne Streit und Zorn heraufzubeschwören, er macht tanzen, nicht schlagen, beflügelt Wort und Gedanken, meidet den Absturz in die Schwere und in verquälte Einsamkeit; vielmehr schlägt er Brücken, und am nächsten Morgen meldet er sich weder mit körperlichen noch mit seelischen Kümmernissen – kurz, der Retsína ist ein Elixier der Geselligkeit ohne Reue; man trinkt in ihm die Absolution gleich mit. Sofern er gut ist und also aus dem Fasse kommt (was leider nicht immer mehr und überall die Regel ist – heute ist er oft nur in fabrikabgefüllter Flasche zu haben, und in der hausen die Teufelchen der Chemie, wenn auch durch reichliche Verdünnung weitgehend neutralisiert). Seine Güte aber läßt sich vorher und rechtzeitig feststellen, und zwar nicht nur per Kostprobe, die ja täuschen kann, sondern auch mit objektiver Gewißheit: Man schütte einige Tropfen in die linke Handfläche und verreibe sie mit der rechten – riechen die Hände nun nicht nach Essig, dann ist der Retsína ohne Fehl. – Seine besten Provenienzen gedeihen in der

Mesógia (östlich von Athen in der Ebene hinter dem Hymettos), auf Ägina, Euböa und um Megara.
Doch Rebenkulturen finden sich fast überall auf dem Festland und den Inseln, selten noch in Hochzucht auf Drahtsystemen oder Holzgestellen wie in Deutschland und Frankreich, sie hält erst neuerdings ihren Einzug dort, wo sich die Winzer zu Genossenschaften zusammengeschlossen haben. In der Regel pflanzt der Bauer die Reben in Büscheln an, die fast wild über den Boden kriechen, ohne von Stöcken gestützt zu werden. Bei Winterbeginn gräbt er eine ringförmige Kuhle um den Busch, um das Wasser den Wurzeln zuzuführen, häuft diese dann im Frühjahr zum erhöhten Wall, der die so gespeicherte Feuchtigkeit gegen die Sommerhitze schützt; dem Unkraut läßt der Winzer fast ungehinderten Lauf. Kaum gehegt, sucht sich der Rebstock seine eigenen Wege, mal üppig auswuchernd zu vielverzweigten Büschen, mal sich meterweit in knorrigen Trieben windend, und dennoch beugen sich die Zweige zur Ernte im August und September unter der Last ihrer Traubenfülle. – Ähnlich altväterlich die weitere Behandlung: In den von den Urahnen überkommenen Steinpressen werden die Trauben mit den nackten Füßen zertreten und ausgequetscht; in der Wärme gärt schließlich der Most rasch zu hohem Alkoholgehalt. (Die Weinfabriken verwenden heute natürlich maschinelle Pressen).
Dem Bedauernswerten, dem der Retsína nicht eingeht, bietet das Land ausgiebig Trost im »aretsínoto«, im ungeharzten Wein trefflichster Qualität (mit 11,5–13%, also höherem Alkoholgehalt als hierzulande). Wie auch anders, da die Hellenen doch über eine 3000jährige Erfahrung in der Gewinnung des Weines verfügen. Seiner »Erfindung« können sie sich freilich nicht brüsten, sie reicht viel weiter zurück in seine kleinasiatische Urheimat, ins Zweistromland und nach Ägypten. Auf 6000 v. Chr. wird eine Traubenpresse mit Rebenkernen datiert, die 1969 südlich von Damaskus gefunden wurde. Hinweise auf den Weinanbau entdeckte man auch in den Tontafel-Archiven Mesopotamiens, die auf das dritte Jahrtausend verweisen; desgleichen im sumerischen Gilgamesch-Epos aus dem beginnenden zweiten vorchristlichen Jahrtausend. Früher als diese wiederum die bisher älteste Beschreibung der Weinbereitung, die sich im Grab des ägyptischen Pharao Pta-Hotep aus der Zeit um 4000 v. Chr.

Weinbauer stampft Trauben.

fand, und das Relief einer Traubenlese, das in der altägyptischen Totenstadt Sakkara das Grab des Nefer-Her-Ptah (2563–2423) schmückte – selbst die Dahingegangenen sollten des Weines nicht entbehren! Von diesen Ländern mag an der Wende vom dritten zum zweiten Jahrtausend die Rebe mit den Minoern nach Kreta sowie mit den Pelasgern und Lelegern über die ägäischen Inseln nach Griechenland gewandert sein.
Immerhin gebührt den antiken Hellenen das Verdienst, Europa u. a. auch die Weinkultur beigebracht zu haben. Es fällt in erster Linie den Phokäern zu, die 620 v. Chr., aus ihrer kleinasiatischen Kolonialheimat vertrieben, in der Provence und an der ostspanischen Küste zahlreiche Städte gründeten, an erster Stelle Marsalia, das heutige Marseille. Von dort aus drangen sie als Händler die Rhône und die Saône aufwärts bis nach Burgund und an den Oberrhein vor, wo sie ihre lukrativen Tauschgeschäfte mit dem Rauschgetränk machten und deren Völkern bald auch das Geheimnis seines Anbaus sowie seiner Bereitung vermittelten. Sogar in der Rheinpfalz und in Rheinhessen wurden Rebmesser, ja auf der Würzburger Marienfeste Trinkschalen hellenischer Herkunft aus dem sechsten Jahrhundert gefunden. Die französische und deutsche Weinkultur geht also auf die Griechen zurück, nicht – wie es eine unausrottbare Saga will – auf die Römer, die zu jener Zeit in Sachen vinum noch absolute Analphabeten waren.
Obschon also die durstigen Kehlen des mittelalterlichen Europa sich selber längst aus heimischer Produktion versorgen konnten, zog seine adlige Gesellschaft die schweren Weine griechischer Provenienz vor; wohl wegen ihrer Süße, die ihren Zuckermangel kompensierte. Besonders hatte es ihnen der Malvasier angetan, so benannt nach seinem Hauptanbaugebiet an der ostpeloponnesischen Küste um Monemvasia – zumindest so lange, wie es in der Hand der Franken und Venezianer war, d. h. bis um 1540, als es an die Türken fiel. Danach emigrierte die Malvasier-Traube nach Santorin, Spanien, Portugal und Madeira, die fortan den europäischen Höfen als Hauptlieferanten dienten.
Inzwischen hat sich der Trinkergeschmack von den süßen Sorten abgewendet. Jedoch sprach sich noch nicht überall herum, daß die alte Gleichsetzung von Griechenweinen und Süßweinen längst überholt ist. Zwar erzeugt das Land auch heute noch jene schweren Dessertweine, die dick wie Honig sind und golden gleich flüssigem Sonnenlicht. Doch sie sind Reminiszenzen, allenfalls als Apéritifs geschätzt, in Erzeugung und Absatz aber weit übertroffen vom trockenen, herben Genre, dessen Spitzen, in Weiß und Rot, der europäischen Konkurrenz durchaus gewachsen sind.
Man wird ganz gewiß nicht enttäuscht, wenn man sich den Etiketten der Firmen Achaia Clauss, Botrys, Boutaris, Cambas, C. A. I. R., Rhodos, Carras, Cellar, Ilios, Marko, Minos, Samos und Santorin anvertraut. Die meisten dieser Marken sind auch im Ausland zu haben – der Transport beeinträch-

tigt sie kaum (wohl aber den Retsína). Das reiche Angebot an Provenienzen gebietet die differenzierte Auswahl je nach dem Anlaß – die folgende Orientierungstafel will sie erleichtern.

Trockene weiße Weine ohne Harz

Zu Fisch, Vorspeisen und oft zum Hauptgang, besonders bei Geflügel:

Blanc des blancs (Carras)
Botrys (Paros)
Cambas blanc
Cava Camba
Cellar
Château Clauss (Achaia Clauss)
Demesticha (Achaia Clauss)
Grand vin blanc (Carras)
Ilios blanc sec (Rhodos)
Lac des Roches (Boutari)
Mantineia (Cambas)
Manzavino (Calliga)
Robolla (Calliga)
Rotonda (Boutari)
Rhodos (Cair)
Samaina (Samos)
Samos sec
Santa Helena (Achaia Clauss)
Château Matsa (Attika)

Geharzte Weine

Von seinen Liebhabern wird der geharzte Wein zu allen Gerichten getrunken:
Retsína (von mehreren Firmen produziert und abgefüllt, hauptsächlich in Attika, doch besser fragt man den Tavernenwirt, ob er apó varéli – vom Faß – zu haben ist).

Rosé

Wie die weißen Weine vor allem zu Fisch und Vorspeisen:

Calliga rosé
Cambas rosé
Fokiano sec rosé (Samos)
Grand vin rosé (Carras)
Moulin (Rhodos)
Rosé Boutari
Roppa (Korfu)

Herbe rote Weine

Schmecken vor allem zu Fleisch-, Wild- und gebratenen Geflügelgerichten:

Archanes (Kreta)
Cambas rouge
Cava Boutari
Cellar
Chevalier de Rhodes (Rhodos)
Goumenissa (Boutari)
Danielis (Achaia Clauss)
Grand vin rouge (Carras)
Grande Réserve (Boutari)
Knossos
Naoussa (Boutari)
Nemea (Achaia Clauss)
Minos (Kreta)
Patra (Achaia Clauss)
Paros
Robola (Calliga)
Rhodos (Cair)
Rotonda (Boutari)
Villitsa (Messogia)

Süßweine

Zu Obst, Desserts, Süßspeisen:

Amandia (Cair)
Belvasia (Cair)
Demi-doux (Samos)
Demi-doux (Boutari)
Doux (Samos)
Mavrodaphni (Cambas)
Moschato (Cair)
Nectar (Samos)
Santorini

Sekt und Schaumwein

Zu Obst und Desserts bei festlichen Essen:

Cambas Imperial
Demi sec (Cair)
Brut (Cair)
Zitsa (Epiros)

Weinbrand

Nach dem Essen zum Kaffee; verschiedene Firmen, vor allem Cambas und Metaxa.
Nicht zu vergessen schließlich der nationalgriechische Apéritif, der *Ouzo,* in dem die heimische Pflanzenwelt durch den Anis vertreten ist. Ein entfernter Verwandter des französischen Pernod, mischt man ihn meist mit Wasser (so daß er milchig aufschäumt) und trinkt ihn in der Begleitung von etlichen Mezédes. Manche Provinzen ziehen ihn dem *Raki, Tsipouro* oder *Tsikoudia* (Kreta) vor, dem Trester, der aus den Resten der ausgepreßten Trauben gebrannt wird; oder auch dem *Masticha,* dessen Mastix-Aroma dem des Ouzo ähnelt – doch bitte unverdünnt.
Vor ihnen, den griechischen Weinen, vergessen Sie nicht den alten Satz: Ehre, wem Ehre gebührt. Ansonsten es Ihnen ergehen könnte wie dem bayerischen Ehepaar Brandmaier, als es sich – anfang der 60er Jahre – auf der Fahrt nach Mykonos befand: Beim Zwischenaufenthalt in Syra stieg es aus, um in der Hafentaverne ein schnelles Mittagsmahl einzunehmen. Dort nun entdeckte »er«, seines Zeichens Altphilologe an einem Gymnasium, den großen Archäologen Ernst Buschor, seinen einstigen Hochschullehrer. Wie sich herausstellte, fuhr er mit demselben Schiff nach Samos und hatte die Reise zum gleichen Zweck unterbrochen. Also gesellte sich das Paar an seinen Tisch und bestellte das gleiche Essen wie er, jedoch im Unterschied zu ihm »ohne Wein«. Um so größer dann beider Erstaunen, daß ihre Rechnung höher ausfiel als die des Herrn Professors. Buschor wußte die Erklärung: »Geschieht Ihnen ganz recht«, grummelte er seinem Ex-Schüler zu, »der Wirt hat Ihnen mehr berechnet, zur Strafe, weil Sie seinen köstlichen Wein verschmähten!«
Es kann auch anders kommen, wie es die folgende Geschichte, auch aus erster Hand, bezeugt: Eine alte Freundin von mir bereiste aus Liebe zum Lande Griechenland mehrmals im Jahr, jeweils einmal mit der »Méditerranée«, welche die Strecke Venedig-Piräus-Rhodos und zurück mit vielen Zwischenstationen regelmäßig befuhr – ein uralter Kasten, der seine Jugend im Mississippi-Bereich verbracht haben

soll und nun nur noch, wie böse Mäuler lästerten, durch die Farbe zusammengehalten wurde (inzwischen ist er aus dem Verkehr gezogen). Mit der Zeit war besagte Dame gleichsam zum Familienmitglied der Mannschaft geworden. Als ihr nun bei der Rückkehr nach Venedig (nach 14 Tagen!) »ihr« Ober die Rechnung präsentierte, fiel sie fast vom Stuhl. »Deine Rechnung stimmt nicht«, sagte sie zum Nikos, »meine Schwester und ich, wir haben in diesen beiden Wochen jeden Abend eine Flasche Wein getrunken.« – »Verzeihen Sie, Madame«, antwortete der Kellner, »*eine* Flasche mußte ich aufschreiben, sonst wäre der Zahlmeister mißtrauisch geworden.«

Um keine falschen Erwartungen zu wecken, beide Geschichten sind in der Vergangenheit beheimatet, sie dürften kaum noch Gegenwartsgültigkeit haben.

Nichts in Griechenland ohne Ritus – auch nicht der Umtrunk. Das Glas füllt man nie ganz voll, aber ausgetrunken darf es auch nicht werden, weshalb man nachschenkt, bevor es sich ganz leert. Auch pflegt der Grieche zum Trinken stets etwas zu essen; selbst zum Ouzo oder Schnaps serviert der Kellner ein kleines Tellerchen mit Tomaten- und/oder Gurkenstückchen, einer Sardelle, Oliven oder Käse. Und wenn die Stimmung ganz hoch gestiegen ist, dürfen Sie – so Griechen damit vorangegangen sind – getrost ein paar Teller auf dem Boden zerdeppern (die der Wirt Ihnen freilich auf die Rechnung setzt). Nie aber ist dem Griechen der Wein Selbstzweck, und schon gar nicht dient er ihm zum Durstlöschen (dies besorgt er mit einem Glas frischen Wassers). Wie von der Gegenwart gepflegter Frauen erwartet er von ihm Anregung und Entspannung – nicht mehr. Sehen Sie in einem Hafen Griechenlands einen Betrunkenen über die Straße torkeln, Sie können Gift darauf nehmen: Seine Wiege stand nördlich der Alpen. Da also die Hellenen auch vor dem Glas das Gesetz des Maßes respektieren, prosten sie sich und Ihnen mit vollem Rechte zu:

εἰς ὑγείαν σας – is ijan sas!
Auf Ihr Wohl!

Sonntagsmalerei. Andritsena.

Deutsche Rezeptnamen

Griechische Rezeptnamen

Register